LA ESPAÑA DEL SIGLO XXII

POR

RICARDO SANZ SOLO DE ZALDÍVAR

(España Patente nº 04081970, 2018)

ISBN: 9781790139262

LA ESPAÑA QUE CONOCEMOS SE DESTRUYE, DEBEMOS PONER LOS MEDIOS PARA REMEDIARLO. ESTÁ EN NUESTRAS MANOS DAR UNA SOLUCIÓN INMEDIATA PARA QUE EL FUTURO SEA EL QUE NOSOTROS HEMOS SOÑADO. AYUDA A PREPARAR LA ESPAÑA DEL SIGLO XXII

EL VENENO DE LA SOCIEDAD MODERNA

Aun hoy, en los tiempos que corren, en la nueva era en la que vivimos, en la era de los avances tecnológicos, de las comunicaciones, de los vehículos inteligentes, en una era casi de ciencia ficción, existe una corriente tan peligrosa como peligroso resulta un gran veneno corriendo por las venas de nuestra sociedad, este veneno sin duda, se llama socialismo, este socialismo que se ha despertado en pleno siglo XXI, es un socialismo rancio, rencoroso, dañino, un socialismo perjudicial para la salud de la población española, más propio del XIX, que de la propia era moderna, más digno de la república soviética de Stalin, que de la actual Rusia, un socialismo, negro, opaco, con unos genes infectados por el odio hacia la derecha y todo lo que significa, riqueza, estabilidad política, democracia, libertad, derechos sociales, beneficios fiscales, en definitiva el desarrollo moderno de una sociedad, y que se gestaba en la época de los analfabetos del 34 contra los terratenientes, la iglesia, los cristianos, y todo aquel de pensamientos contarios al bolcheviquismo comunista de aquella época en la historia. Este socialismo marxista-leninista, que sigue al pie de la letra las más aberrantes doctrinas de sus instigadores ancestrales, llenos de odio, y frustraciones personales, dirigidos hacia quienes por otra parte quieren y desean el mejor futuro para ellos, su nación, y sus herederos. Un socialismo ancestral, basado en unas normas grandilocuentes que más que un plan político es una norma de como destruir una nación en un año para tomar el poder y manejar a su sociedad al libre antojo de sus dictadores. Este es sin duda el gran plan de este socialismo instalado en el siglo XXI, retomar lo que los ejércitos de España no consintieron en la Guerra civil impidiendo que el comunismo se instalara en las instituciones y calles de España. Este resentimiento aun despierto en la conciencia de algunos que creen que el socialismo es una forma de gobierno equitativa y moderada, que la panacea de las políticas sociales para la equidad de los bienes y las riquezas de las naciones, este resentimiento no es otra cosa que la frustración de ver como el pueblo se enriquece y ellos continúan con sus miserables vidas envidiando al prójimo por sus logros y sus bienes, en vez de actuar para conseguir lo mismo trabajando y esforzándose. El socialismo es una lacra de odio hacia el resto de los mortales, una lacra que debe extinguirse y debe ser extinguida, de ser abolida de las sociedades modernas y prosperas, si es el objetivo de estas continuar con su avance como sociedad en el tiempo. Hemos visto durante los ultimos tiempos como el socialismo más rancio se ha ido instalando en nuestra sociedad, ha sabido estar a la altura de las circunstancias, utilizado lo que mejor sabe, la propaganda, el panfleteo, la difusión de su mensaje a través de lo que hoy resulta tan fácil de manipular, Las redes sociales, los medios de comunicación, TV, Radio, Prensa, han utilizado todos y cada uno de los medios de difusión para hacer propaganda de sus llamadas políticas sociales, políticas sociales que no existen, son pura demagogia, son pura basura electoral, pura mentira, usando a las clases más desfavorecidas como punto de mira y objetivo de sus propósitos más oscuros, que no son otros que generar odio entre la población, enfrentamiento social, enfrentamientos entre clases, entre sexos, entre etnias, y así, cuanto más pequeños sean esos grupos segregados mucho más fácil les resultará manipular a la sociedad que tienen a su favor.

3. Divida a la población en grupos antagónicos, incitando las discusiones sobre asuntos sociales ((Lenin))

Estos grupos resultan fáciles de manejar, solamente hay que manipularlos para ponerlos en contra del sistema legislando a su favor, prometiéndoles grandes reformas y cambios, unas reformas y mejoras que irán siempre en sus argumentos de campañas electorales según donde convenga.

Hoy día en la actualidad enarbolan la bandera del patriotismo más sincero haciendo ver que les preocupa una parte de nuestra historia más reciente, y utilizan este argumento en todas sus campañas electorales siempre con los peores argumentos sobre los líderes políticos aunque sean de la misma corriente, desprestigiándolos hasta la saciedad.

4. Destruya la confianza del pueblo en sus líderes. ((Lenin))

Un argumento que aun hoy esgrimen en cada legislatura, esgrimen en cada campaña electoral, en cada pueblo y ciudad, demostrando que son un grupo sin iniciativa ni propuestas de gobierno más allá de las meramente populistas, como resulta ser la famosa ley de memoria histórica, que más que una ley de memoria histórica, parece una ley de desmemoria histérica, que pretende generar un archivo manipulado, y falsificado, como se viene haciendo desde el 2007, de lo que fue la realidad de la historia en España, en la época de la guerra civil española y porque se produjo, lejos de la realidad, de la auténtica verdad, para ocultar las vergüenzas que suponen para ellos que se les recuerde como los instigadores de la peor masacre producida en España en la historia reciente.

5. Hable siempre sobre Democracia y Estado de Derecho, pero, en cuanto se presente la oportunidad, asuma el Poder sin ningún escrúpulo. ((Lenin))

El partido socialista obrero español, que nunca fue partido, ni socialista, porque no le preocupó ni lo más mínimo la sociedad, muchos menos los obreros, y de español no tiene ni el carácter, ya que intenta a toda costa eliminar cualquier vestigio de esta nacionalidad.

Un PSOE, que lejos de defender intereses igualitarios, defiende la segregación de la sociedad por grupos, eliminando así la identidad de comunidad, y creando diferentes colectivos a los que puede manipular a su criterio según le convenga.

Un partido socialista que prefirió llevar a su nación a la guerra y venderla a un estado totalitario comunista como el ruso de primeros del siglo XX, con el único propósito de acabar con todo lo que significaba para ellos la unidad del estado y la unidad de la patria que tanto odian.

Una patria que no les ha hecho ningún mal, no les hizo ningún daño, solamente querer crecer y expandirse como una gran nación y una civilización avanzada y prospera, prosperidad de la que pretendieron aprovecharse para llenar sus bolsillos y enriquecerse a costa de mentiras, engaños, asesinatos, violaciones, venganzas, políticas y personales, y de todas las peores formas antidemodraticas que un pais pueda imaginarse.

Es por esta razón que han creado la mal denominada ley de memoria histórica, una memoria histórica basada en los estudios de los "profesionales" designados a dedo desde la posición política los gobiernos interesados, y que no permita desvelar secretos de estado, como que el partido socialista de España en los años 30, quiso y así decidió asaltar el poder a toda costa, porque (francisco Largo caballero), presidente de la UGT y del PSOE de la época, pensaba cosas como estas: "Quiero decirles a las derechas que si triunfamos, colaboraremos con nuestros aliados; pero si triunfan las derechas nuestra labor habrá de ser doble, colaborar con nuestros aliados dentro de la legalidad, pero tendremos que ir a la Guerra Civil declarada. Que no digan que nosotros decimos las cosas por decirlas, que nosotros lo realizamos", afirmaba en enero de 1936 en un mitin en Alicante, o frases tan tranquilizadoras como estas otras: "No creemos en la democracia como valor absoluto, como tampoco creemos en la libertad". O frases del estilo de "Los socialistas admitimos la democracia cuando nos conviene, pero cuando no nos conviene tomamos por el camino más corto. Pues bien, yo tengo que decir con franqueza que es verdad. Si la legalidad no nos sirve, si impide nuestro avance, daremos de lado la democracia burguesa e iremos a la conquista del Poder" en un mitin electoral en enero de 1933. Para más referencia en el cine Europa, (la gaceta.es), Con discursos como este, todos los demás análisis de la situación de aquella época sobran. Y como referente para entender cuáles son los idearios de los políticos socialistas y comunistas del presente, también es suficiente. Todo un ejemplo a seguir.

Un partido político que tiene como pensamientos y como base de sus cimientos más sólidos, estas formas de pensar y de actuar, es imposible que pueda representar a nadie ni a nada en ningún organismo público de la nación, y muchísimo menos, en el gobierno de esta.

Un partido político que tiene como misión en su organización y como pilar de sustentación el destruir una nación, para crear un pueblo a imagen y semejanza de un loco visionario de siglo XIX, que de un imperio como la unión soviética dejo un desierto de desolación y ruina, no parece muy oportuno entender que estos grupos puedan seguir teniendo un hueco en las instituciones.

No se entiende como en una sociedad moderna, del siglo XXI, con una civilización con estudios académicos, con conocimientos de la historia, con un nivel cultural diferente al de aquellas épocas, que se les supone, con grandes formaciones académicas, resulta incomprensible que aun existan personas que puedan defender los movimientos más revolucionarios y sanguinarios, con el único objetivo y propósito de ganarse un hueco en la historia, resulta impensable que a día de hoy, haya personas que puedan creer que el socialismo es la mejor forma de vida, cuando la vida nos enseña y nos ha mostrado, a través de la historia, que el socialismo lo único que porta a las naciones donde se instauró, es ruina, desolación, miseria, hambre, corrupción, delincuencia, y finalmente la guerra civil.

Como es posible que alguien pueda hacer política de lo que aconteció en la guerra civil española, y en el periodo de la revolución socialista de la II república, que fue sin duda cruel, y humillante para ambas partes, pero promovida, por un golpe de estado, sin duda, contra el sistema del momento, del propio partido socialista, que vendió el estado Español al bolcheviquismo Soviético, para instalar un comunismo desolador en nuestro país, que robaron todas las pertenencias del estado, y sus riquezas, entregándolas al gobierno ruso, que destruyeron un país, simplemente, por no estar satisfechos con los resultados electorales.

Algunos siguen insistiendo, en crispar a la sociedad con los recuerdos manipulados, y distorsionados según sus intereses, de una era ya extinta, que deberían guardarse en los anales de la historia, y tenerlo como manual de errores que no hay que cometer, y en los libros de historia de nuestros herederos, precisamente para no que vuelvan a repetirla, y no, para promover el que los pueblos vuelvan a levantar viejas llagas y se enfrenten unos contra otros. Porque "los pueblos que olvidan su historia, están condenados a repetirla"

Y, así pues, por olvidar o evadir nuestra historia, hemos regresado a los años de 1934 en los que el socialismo más rancio y el comunismo más ignorante y analfabeto y ahora incluso promovido por el odio y por el resentimiento más profundo e ignorante, de haber perdido la batalla en la guerra civil, no solo la militar, sino también la política, quieren poco a poco ir instaurando el orden republicano que tanto anhelan, y, por ende, el régimen comunista con el que sueñan algunos bohemios desde aquella época.

Sabiendo incluso, que esta batalla también la tienen perdida, porque aquí no habrá guerra, sino un estado de derecho, que impedirá a toda costa semejante tropelía y atentado contra el poder del estado. (En una democracia, la mayoría de los ciudadanos es capaz de ejercer la más cruel represión contra la minoría). "Edmund Burke"

El populismo adoctrina a las mentes fácilmente manipulables, las busca, las junta en colectivos, en asociaciones, en ong's, las adiestra en el odio hacia el poder, el orden constitucional, las instituciones, las FYCDE, y todo lo que tenga que ver con el estado de derecho al que pretenden derrocar, lanzándolos después como avanzadilla en el campo de batalla, auténticas hordas de soldados salvajes antisociales sin criterio ni argumento, más que con un puñado de slogans baratos sin sentido, dispuestos a destrozar el mobiliario público a cambio de no sabemos que promesas.

En contrapartida, como ya es habitual, y resulta frecuente, las derechas de España, siempre han cometido el mismo error, España parece haber sido una nación que su historia ha demostrado ser de derechas por tradición, y por la potencia económica que representa, posiblemente, pero las derechas cuando gobiernas, siempre, se han relajado, se acomodan en su posición, se valen del respaldo obtenido, piensan que es definitivo y que ya nadie puede desbancarlas del poder, y como siempre, la derecha cae una y otra vez, y por el mismo error, que es la vanidad. Error que les lleva como siempre a dar el éxito a los socialistas que están detrás de la puerta acechando y esperando el más mínimo error para actuar y desbancarlos de su pedestal.

En esta última ocasión no iba a ser diferente, llegando al gobierno con una mayoría cómoda, se relajaron igual que en otras ocasiones, dando pie, a que los populismos camparan a sus anchas por lo largo y ancho de la nación española haciendo victimismo, y levantando falsos testimonios de la gobernabilidad del pp, con lo que cuando han querido reaccionar a la moción de censura, ya era demasiado tarde.

Aprovechando la situación de desorden y de falta de poder en el gobierno de España en los últimos años, otros movimientos se han visto también favorecidos por esta dejadez de nuestros gobernantes, y se repite como un eco en el tiempo, y viene a demostrar que todo tiene un sentido puramente vengativo y rencoroso, y este ha sido el separatismo catalán, un separatismo nunca visto hasta ahora en los últimos años, agresivo y dañino, como lo fue en tiempos de Companys, que con formaciones radicales al frente de los grupos callejeros, verdaderos comandos del desorden público, azuzados por pseudo políticos descafeinados, elegidos y nacidos por la crispación social y el abandono de la clase política hacia el pueblo, esto es lo más fácil de crear a base de permitir el resurgir del más puro populismo comunista con el propósito de repetir la historia y retomarla en el punto donde la dejaron sus antecesores.

Llegando al punto de retar al estado y al gobierno de la Nación, a convocar unas elecciones de naturaleza anticonstitucional, y antidemocrática, suspendidas por orden del tribunal constitucional, y por tanto ilegales, saltándose todas las leyes y órdenes del estado, que hay que decir según ellos no deben respetar, han llegado al extremo de darse a la fuga, cual cobardes delincuentes, de la más baja condición, abandonando a su suerte a un pueblo engañado y ultrajado, con el único propósito de evitar ser condenados por los delitos de traición, Rebelión, Sedición, y algo que se nos escapa entre tanto alboroto, que es el delito de malversación de fondos públicos que mientras hablamos de fugas, no hablaremos de esto. Delitos estos, que en cualquier país civilizado del mundo sería intolerable, que hubiera supuesto el estado de excepción, suspensión de la autónoma, encarcelamiento de los políticos rebeldes, disolución de los partidos separatistas y traidores al estado, restauración del orden público, Y fin de la historia.

Todo lo que hemos vivido hasta la fecha, ha sido un fiel reflejo de lo que se vivió entre los años 34 y 36 en España antes de que estallara la guerra civil, un enfrentamiento entre poderes reseñado por la debilidad de un gobierno español que cuando se ve avalado por los votos y la mayoría absoluta, se olvida de que el enemigo sigue viviendo a sus puertas.

En este caso actual se decidió aplicar un articulo 155 de la constitución totalmente descafeinado, e incluso sin azúcar, como siempre para no molestar al electorado principalmente, y la conclusión final del hecho, es que un año y medio después del inicio de la rebelión, todavía nos estamos debatiendo entre si aquello fuera un acto de rebelión, o simplemente un juego de chiquillos. Resulta impensable, que después de todo lo vivido, en la comunidad catalana, ya no solo por su población no partidaria del separatismo, que resulta ser mayoritaria, por cierto, y sin voz, por la represión de los grupos más radicales del separatismo anarquista, que todo hay que decirlo, sino también por las fuerzas y cuerpos de seguridad del estado, los insultos y vejaciones sufridas por estos, los desalojos de sus hoteles y hostales, el abandono por parte de la administración local, autonómica y nacional, la humillación con la que se les trataba por ser fuerzas del estado, también los medios de comunicación, por no pertenecer al territorio catalán, y a todo aquel que por su condición de español y "extranjero" de fuera de Cataluña, y como no, por el resto de la sociedad española, que veía impávida como los políticos no hacían nada al respecto, únicamente pedir responsabilidad a los políticos de la generalidad debido a su más absoluta cobardía.

España necesita un gobierno lo suficientemente sólido, sobretodo en materias de terrorismo interno, y externo, basado en un gran pacto entre los grupos parlamentarios democráticos y constitucionalistas, que de verdad lo sean, para que una vez gobierne el grupo que fuera, siempre tengan un apoyo parlamentario mayoritario para estas cuestiones sin necesidad de que les tiemble el pulso por el que dirán los demás o por el miedo a perder votos del electorado.

Resulta incomprensible, que cuando se celebren los juicios, por los actos de rebelión, alguien ya haya decidido que son inocentes y no van a ingresar en prisión, por el hecho de que es lo políticamente correcto. Es más, porque defienden en el congreso de los diputados con férreos argumentos de Peso los artículos del código penal que hacen referencia a los indultos, sin haber juzgado a los reos, y con estos argumentos ya estamos poniendo el parche, al igual que hizo el sr. Presidente Sánchez, cuando expuso la definición de delito de rebelión en el congreso, igualmente, se hacía un guiño de generosidad a sus amigos catalanes de ERC, y como no, un toque de atención a los miembros del tribunal supremo que habrán de juzgarlos. Y claro, porque resulta ser la hipoteca que van a pagar para la aprobación de unos presupuestos generales del estado, totalitarios, que son como un mantra que tienen y desean aprobar a toda costa y bajo el precio que sea, con tal de no convocar elecciones que no ganarían, y que serían seguramente el final de la carrera de más de un político del partido socialista de España.

Lo peor de todo, no es indultar a los reos, que no se debe, por supuesto, ya que hablamos de delitos muy graves contra el estado. Lo peor, resulta que frente a tanto delincuente y tanto conflicto social como nos vamos encontrando por el camino, tenemos dos grandes grupos parlamentarios que se hacen llamar la oposición, dos grupos políticos demócratas, que dicen que velan por los intereses de la sociedad, dos grupos políticos, que viven absortos en sus intereses electorales, más que en los intereses generales de la nación que los instaló ahí. Estamos viviendo unos tiempos en los que hacer política social y de provecho, se ha dejado a un lado, los políticos que nos pretenden representar, se han olvidado por completo de cuál es la misión de su posición en el escaño que se les ha brindado con el voto de los ciudadanos, para vivir en un constante devenir de dimes y diretes, más propio de un programa de telebasura, que del congreso de los diputados del Gobierno de España. Y se llaman la oposición, ¿puede alguien explicar a qué hacen oposición? Oposición a alguna plaza fija en algún departamento del estado, para cuando acaben su carrera política, por algún delito de fraude puedan colocarse y seguir viviendo del cuento, porque aquí ni se les ve, ni se les espera, haciendo oposición al gobierno ocupa que llegó para convocar elecciones anticipadas, y que una vez degustadas las mieles del poder, se ha quedado con el propósito de perpetuarse como único gobierno de la republica de España, algo inquietante, que si no se corrige, y se ve venir desde muy lejos. Y que ni la tradición popular, ni la novedad naranja, parecen interesados en plantarle cara, más allá de la imagen frente a la galería que como siempre hacemos referencia, para su captación del electorado. Lo que nos da a entender que no les importa mucho.

Desde la llegada de este nuevo gobierno socialista y populista, uno de sus pilares fundamentales fue, como siempre, y en esta legislatura, parece, que, con más fuerza, la subida de los impuestos, y para entenderlo desde un punto de vista externo, según el tradicional decálogo socialista de Lenin, para tomar el poder y que parece que siguen al pie de la letra en su punto seis que Reza así: "Colabore con el vaciamiento de los dineros públicos; desacredite la imagen del País, especialmente en el exterior y provoque el pánico y el desasosiego en la población por medio de la inflación." (Lenin)

Parece ser una doctrina perfectamente aprendida, puesto que este, ya es el segundo gobierno socialista que acomete una política de devastación contra las arcas públicas, repartiendo del erario público todos los fondos entre sus amigos y asociados, y negando la realidad ante la impávida sorpresa del pueblo español. Entre otras medidas desestabilizadoras podemos seguir leyendo, subidas de impuestos, que dicen son para solucionar problemas acumulados por el gobierno anterior, como siempre, la culpa es de los demás. Una subida radical de impuestos que afecta como siempre a los autónomos, y a las clases más desfavorecidas, y en definitiva a toda las clases trabajadoras del país, aunque traten de camuflarlo, entre mentiras, es así, terminara provocando revueltas populares en contra del sistema capitalista, al que ellos acusan constantemente, al que como siempre, ponen en el punto de mira manipulando la opinión de la sociedad, de la sociedad a la que destruyeron dividiéndola en pequeños grupos sectarios, marginales, fomentando el odio hacia la sociedad general, y provocando así revueltas populares contra todo lo diferente a su modo de pensar. Mentiras tras mentiras. Y como estas todas las que llevan diciendo desde que tomaron el poder en esta ocasión a golpe de moción de censura ya que de otro modo jamás hubieran conseguido el sillón donde se sientan.

Una noticia inquietante, que parece no tener importancia, sino se la saca de su contexto, pero que en un análisis de lo que venimos refiriendo es otro acontecimiento de las mentes perturbadas de esta turba comunista sectaria, ha sido la noticia de y llevan tiempo detrás de ello, es la abolición de la Ley de caza, la ley de caza protegidos de tras de un grupo animalista puede parecer algo inocente, la protección animal, la protección de las especies, en fin, algo muy naturalista, pero viniendo de mentes enfermizas como es el caso de los señores de Podemos, que todo lo que hacen es bajo la misma doctrina, la doctrina marxista-leninista, entonces hay que reflexionar y sacar las conclusiones de por y para que quieren abolir la ley de caza, y la explicación es la siguiente:

En el decálogo de Lenin punto 10: 10. Registre a todos aquellos que posean armas de fuego, para que sean confiscadas en el momento oportuno, haciendo imposible cualquier resistencia a la causa.

Según el reglamento de armas, donde contempla la utilización de armas de fuego para la caza, únicamente se pueden tener armas de fuego deportivas cuando se posea licencia para dicha actividad. Una vez fuera abolida dicha ley, y terminada y dada por extinguida la práctica de la caza en España, los cazadores se verían obligados a hacer inmediato depósito de sus armas de fuego en las dependencias de la guardia Civil de sus localidades, esto quiere decir que de momento habría un arsenal de en torno a 3,5 millones de armas largas de fuego localizadas sin necesidad de utilizar la fuerza. Únicamente necesitan disponer de los accesos necesarios a esos arsenales y así armas a sus milicias en menos de lo que al estado le daría tiempo a reaccionar.

Artículo 9.

1. Por Orden del Ministro del Interior se regula un fichero informatizado de datos en el que se registrarán todas las armas de fuego, objeto del presente Reglamento, de conformidad con lo previsto en la Ley Orgánica 15/1999, de 13 de diciembre, de Protección de Datos de Carácter Personal, y sus normas de desarrollo. En dicho fichero figura el tipo, la marca, el modelo, el calibre y el número de serie de cada arma de fuego, así como los datos de identificación necesarios del proveedor y del adquirente o poseedor, que permitan su localización. Dichos datos se conservarán de manera permanente en el fichero.

3.-En la Intervención Central de Armas y Explosivos de la Dirección General de la Guardia Civil, radicará el Registro Central de Guías y de Licencias.

Según estos dos extractos del Reglamento de armas, la guía de tenedores está realizada, únicamente queda esperar a recogerlas con un poco de paciencia, y apelando a unos plazos limites Podemos, podía armarse en solo unos meses.

No es cosa de poco, lo que quizá algunos dirán que es de locos, y posiblemente acusaran de paranoia fascista, y propaganda nazi, pero el problema es cuando tienes tiempo para observar desde la bancada las jugadas más interesantes, entonces se ve perfectamente cuales son las intenciones del enemigo, cuales son las intenciones de alguien que está detrás de un gobierno débil, y si poder, manejando en la sombra los hilos de la marioneta, y dictando los devenires de nuestro futuro.

Otro de los regalos de la historia, del también dictador Stalin, que estos descerebrados han aprendido a seguir al pie de la letra, y llevan por bandera si sabemos leer entre líneas en sus manifiestos y formas de actuar, es algo insólito y ha llamado mucho mi atención y lo voy a copiar y pegar casi, con el permiso de su editor, aunque le desconozco, pese a ser un texto que hay por muchas web's, pero no encuentro un autor original, porque creo interesante darle lectura, y quizá así se pueda entenderse el principio de este sistema de ultra Izquierdas, totalitario que pretenden implantarnos los podemitas y sus socios de equipo más extremistas y totalitarios.

Y cito: La gallina desplumada de Stalin

Cuenta la leyenda que cierto día los colaboradores de Stalin, preocupados por la evolución de la revolución rusa y ante las miserias que estaba sufriendo su pueblo, se dirigieron al dictador para expresarle su preocupación y le solicitaron tener una reunión para buscar soluciones. Stalin, que les recibió en su casa, les invitó a acceder al patio de la misma, donde tenía varias gallinas. Sin mediar palabra el dictador cogió una de ellas y poco a poco comenzó a desplumarla viva, sin inmutarle el dolor y el sufrimiento que estaba padeciendo el pobre animal. Una vez terminó de desplumarla, la dejó en el suelo, malherida y aterida de frío y de espanto ante el sufrimiento por el que acababa de pasar. El dictador se alejó de ella, cogió en su mano un puñado de trigo y fue soltando poco a poco ese trigo al lado de su pierna. La gallina, a pesar del padecimiento sufrido, fue corriendo temblorosa acercándose a sus piernas para comer el trigo que Stalin iba dejando poco a poco a su paso. Ante esto, el líder soviético miró a sus colaboradores y les dijo: "<u>Así de fácil se gobierna a los estúpidos. ¿Han visto cómo me ha perseguido la gallina a pesar del dolor que le he causado? Así son la mayoría de los pueblos, persiguen a sus gobernantes y políticos a pesar del dolor que les causan por el simple hecho de recibir un regalo barato o algo de comida para uno o dos días</u>".

Es tremendo encontrarse con esta literatura, y saber que en la historia del mundo pudo haber personas que pensaban de los seres humanos de semejante forma, pero, lo más alarmante, es que, en esta era del siglo XXI, pueda haber quienes sigan tales doctrinas, y quieran y deseen utilizarlas a favor de su propio beneficio, utilizando las sociedades más desfavorecidas para sus propios objetivos partidistas. Y aún no hemos terminado, este gobierno socialista tiene como especial interés la eliminación de algo que llevan como insignia en su campaña electoral, un objetivo ya marcado desde hace años, algo que les preocupa, y les acobarda, porque saben sin duda que es una parte de la historia que les delata como los asesinos cobardes y traidores de la patria que fueron, son, y serán. Una parte de la historia sin duda que preocupa a los españoles más que a los políticos, dicen, es algo tan importante para la sociedad, que no han tenido más remedio, que dedicar nada menos que dos tercios de su corta legislatura, y hasta la fecha discurren cuatro meses y medio, a sacar por el medio que sea, el Féretro del General Franco de su tumba del monumento en el valle de los caídos. Algo tan relevante para la Bonanza nacional, y el bienestar de la sociedad, que hasta los bancos se han desplomado en varias ocasiones por el abandono de las políticas nacoinales.

Como hemos visto la economía según parece, no es relevante para estos gobiernos progresistas, socialistas y comunistas, y para los grupos parlamentarios terroristas que lo apoyan, por que como dijo la vicepresidenta del gobierno, la Sra. Calvo, no hace muchos meses, "el dinero del estado no es de nadie y con el gobierno del señor Sánchez, se nota." y está ahí para gastarlo. Entonces no hay que preocuparse por rellenarlo, ¿verdad?, ¿De dónde piensa esta señora que salen los fondos públicos, y el dinero que manejan los gobiernos, de una fuente infinita? Que lo expliquen.

Repartirán millones a colectivos que les voten, harán entrega de millones de euros a sus socios de gobierno los terroristas, los golpistas, los defraudadores catalanes, para que puedan continuar con sus fechorías, subvencionaran con miles de nuestros euros, a asociaciones cuyos miembros sean partidarios de su pensamiento totalitario, y sus volátiles promesas de gobierno, se subirán los salarios, para poder vivir cómodamente el tiempo que estén robando a manos llenas, y cuando se hayan marchado, tendrán unas pensiones dignas de un rey, que por cierto no les corresponden ni por antigüedad, ni por categoría social, ni siquiera por las labores acometidas por el servicio a la nación.

EL RESULTADO DE LA SOCIEDAD DEL BUENISMO

Desde comienzos de la democracia, allá por los años ochenta, en un constante devenir de partidos políticos, de la época, y hasta la fecha que se conservan algo más de cuatro siglas que perduran en el tiempo, ha existido una época en la que se hacía política en mayúsculas, que era la que sostenía la estructura de la nación, y después, pasados los años, y tras el agotamiento ejecutivo, comenzaron las políticas sociales, que fueron y son en la actualidad las que sostienen la estructura de los partidos y su redito electoral en forma de votos. Desde los años noventa se dejó prácticamente de hacer política con mayúsculas, para enfocar todos los esfuerzos posibles en las políticas sociales, que lejos de ser una política de interés general para toda la nación, comenzó a funcionar como un generador masivo de votos a favor de aquel más desfavorecido en las encuestas electorales, y utilizando las estrategias adecuadas en el momento oportuno, los índices de intención de voto variaban en función de los caramelitos que se les brindaban a la población. Nuestros políticos que hasta la fecha habían sido gentes preocupadas por la sociedad, por el bienestar, por la integración social, comenzaron a vislumbrar cual era la realidad de manejar a su antojo a las masas en función de sus propios beneficios, interpretando las macabras palabras de Stalin, y fue entonces cuando todo comenzó a cambiar. Un cambio que lejos de hacernos avanzar, nos ha llevado sin duda a 80 años de retroceso en el tiempo.

Los políticos aprenden cual padres novatos que educan a sus hijos, si ofrezco beneficios, obtengo favores, si ofrezco favores, obtengo más beneficios, enseguida la sociedad se da cuenta de que los políticos no hacen más que pedir favores, y los ciudadanos se agrupan en asociaciones, y comienzan a exigir a los políticos los beneficios prometidos a cambio de aquellos favores cuando hizo falta, y continua el problema, aun mayor, lo políticos comienzan a otorgar, todo un paquete de medidas y legislaciones que dan en llamar leyes para el estado del bienestar social, donde comienzan a generar la mayor crispación social que jamás se haya visto en la sociedad moderna de España en todos los tiempos.

Unas leyes del bienestar social que nada más lejos de favorecer la convivencia ha resultado ser un desastre y que ha desunido y enfrentado a la sociedad en pintorescos grupos, todos mirándose de reojo, únicamente con el objetivo de ver cual obtiene mejor redito económico.

Ahora bien, desde fuera, los que vemos estas medidas con extrañeza, nos preguntamos cómo y porque los políticos, pueden llegar a legislar de esta forma tan arbitraria, otorgando tantos derechos y tantas libertades a unos sectores, que no hacen más que desfavorecer y desmejorar sin lugar a dudas al resto de la sociedad frente a ellos. Como es posible que un político que debe mediar entre las partes para proteger los intereses comunes de todos los ciudadanos en su conjunto, puede llegar, sin consultar con nadie, a legislar en favor de colectivos minoritarios, que serán en el futuro, y son en la actualidad los que tienen la llave del gobierno de la Nación.

Está claro, la sociedad a la que podemos considerar normal, la del día a día, la que no necesita distinciones, la que trabaja, la que produce, la que paga sus impuestos, la que cotiza, la que saca la basura, la que aguanta y soporta cada día el mal trato de sus gobernantes, la que no necesita legislaciones, porque se siente normal, no se siente desfavorecida, ni menospreciada, ni desvalorada, ni desprotegida, por la otra parte, y sigue luchando cada día por sus propios intereses y por el interés general del país. Pese a que efectivamente sienta el peso de la responsabilidad que se le exige de mantener a todos los demás grupos parásitos.

Aunque si es cierto que siente en sus espaldas la tremenda carga social que los gobiernos progresistas están haciéndole recaer sobre ellos y esto también es motivo de crispación y de falta de ánimo de la ciudadanía. Por el contario, estos grupos, asociaciones, colectivos, gremios, etc., marginales, marginados, o mejor dicho, auto marginados, auto marginales, auto desplazados de la sociedad, han encontrado un filón de oro, un filón que no tiene fin, se han dado cuenta de que solamente tienen que convocar alguna revuelta, algunas manifestaciones, quemar unos contenedores y vehículos, y al mes siguiente tienen en su mano la reforma de ley exigida con la ampliación del capital necesario para sus proyectos progres, para sus fines antisociales cuales quiera que fueran.

De esta situación se derivan hoy día infinidad de grupos, asociaciones y colectivos de índole parecida, que no tienen por objetivo otro fin, sino el de como cualquier otro sistema anarquista, vivir a costa del estado, sacando el mayor redito económico posible de sus sobornos electoralistas a los grupos políticos que apoyan sus movimientos más radicales, extremistas y antisistema. E incluso a los partidos políticos contrarios con el consabido soborno electoral como negociación democrática.

A este sistema democrático y social, hoy se le conoce como la sociedad del estado de bienestar, donde se han instalado estos colectivos, que como hemos señalado anteriormente, viven muy acomodados gracias a las sufridas y precarias arcas del estado y de la Seguridad Social, que parecen no tener otro objetivo en la sociedad más que la de mantener este tipo de grupos, y colectivos, convertidos ya en vagos y maleantes sustentados por el sistema del bienestar y por el resto de la sociedad activa. Una sociedad maltratada y ultrajada, por una legislación mal regulada y mal gestionada que hace aguas por todos los flancos y va a resultar difícil que en unos pocos años cualquiera que venga de fuera con buenas intenciones, pueda ponerlo en pie para empezar a trabajar de inmediato, ya que ello supondría la congelación provisional e inmediata de todo gasto ordinario y extraordinario durante un periodo de tiempo necesario para auditar las cuentas y poner orden en el sistema fiscal y financiero. No estamos hablando de causa menor, por tanto, pero que con el esfuerzo necesario sería posible poner en marcha y desde cero un sistema totalmente saneado con cuentas limpias y transparentes.

LA FANTASTICA SOCIEDAD DEL ESTADO DEL BIENESTAR

Cuánto daño se ha producido a la sociedad Española, a base de políticas sociales, tanta legislación en favor de unos colectivos y en detrimento de otros, se ha dotado de una infinidad de derechos a personas, colectivos, grupos, asociaciones etc., que con tantas legislaciones en su favor se han desviado de la norma universal para todos los ciudadanos, de la moralidad y la convivencia, y ha desfavorecido a la inmensa mayoría del resto de la sociedad que vive absorta e incrédula y acomplejada, viendo como los derechos de unos pocos dejan al resto de mortales fuera de la normalidad de la convivencia diaria de nuestra comunidad, habiendo pasado a ser una población casi de segunda clase.

Hemos llegado al extremo de la perversión, hemos llegado al extremo de cosas como las que estamos leyendo en prensa y redes sociales, que nos hacen llevarnos las manos a la cabeza, pensando si serán de verdad capaces de llegar a semejantes latitudes de ultranza, nos dicen que nuestros menores de primaria deben aprender sexualidad en el colegio, dicen que deben saber que sexo tienen, niños de primaria, hombre, hasta donde vamos a llegar, pues hasta el punto 1 del decálogo de Lenin

1. Corrompa a la juventud y deles libertad sexual (Lenin))

No vayamos a creer que hay alguna novedad en la retórica bolchevique de esta sociedad incauta que pretende gobernarnos a toda costa. Y quiere imponernos las doctrinas arcaicas de sus más fanáticos mecenas.

Hoy día los políticos tanto de una parte del hemiciclo como los de la otra, se han olvidado por completo de la base de todas las normas por las que nos regimos, y las cuales son el pilar fundamental de nuestra razón de ser. Me refiero sin lugar a dudas a nuestra constitución española de 1978, que todos los partidos políticos de España crearon para acabar con las diferencias sociales, de raza, de religión, de sexo, de librepensamiento, de expresión, de cualquier tipo de diferencia que hasta entonces se pudiera interpretar como exclusión social de unos, en diferencia de los otros. Que por su simpleza y sencillez sigue teniendo el mismo valor, y que tanta sangre y tantas víctimas costó cuarenta años antes para poder llegar a este punto de entendimiento entre las partes y que además fue refrendado por el 90% de la sociedad española en libre referéndum y sin coacción, bajo el lema, Libertad, Libertad, del pueblo español.

Pero por lo visto, volvemos a empezar, ha nacido una generación con sabia inoculada de la republica del 34, que pretende deshacer todo aquello por lo que lucharon nuestro padres y abuelos, por lo que sangraron nuestros pueblos y ciudades, y por lo que sufrieron nuestras madres y abuelas, viendo cómo se iba la vida de los suyos entre los fusiles de los contrarios por el simple hecho de pensar diferente. Una generación surgida como los grandes defensores de una causa sin terminar, que ellos incluso por su edad no conocieron, incluso cuando de algunos es bien sabido que descienden de quienes formaron parte del bando contrario al que hoy defienden con tanta vehemencia.

Resulta inaudito, y realmente no se logra entender el comportamiento ni la forma de pensar de estas gentes. Esta nueva generación de "políticos", que más allá de preocuparse por su país, por sus gentes, o bien, por las necesidades de aquellas poblaciones desfavorecidas de la sociedad, únicamente les ocupa fomentar el odio entre estas y las clases más adineradas, entre ricos y no tan ricos, entre pueblos y ciudades, entre trabajadores del campo y lo que dan en llamar terratenientes, reabriendo de nuevo viejas heridas que ya estaban cerradas en su gran mayoría, por el sacrificio de otros que un día se sentaron delante de la misma mesa y decidieron, por el bien de la Madre Patria, firmar la Paz definitiva y enterrar en el monte del olvido aquellas heridas de Guerra, que a nadie favorecían y a todos perjudicaban, con el firme propósito de levantar una España nueva con nuevos horizontes y con nuevos objetivos de futuro.

Cuarenta años después, gracias a las excesivas políticas electoralistas, hemos instalado a la sociedad en un estado irreal de pura y maravillosa fantasía, en el que se le ha otorgado un poder que no le corresponde, al margen del orden constitucional, fuera de los principios básicos de nuestra democracia, fuera totalmente de todo sentido común, y de la convivencia de un país moderno y cosmopolita, fuera de los principios de legalidad, instalados más los derechos que en los deberes, totalmente olvidados.

Con una de las constituciones mejor configuradas del mundo, pese a algunos defectos que pueda tener, y por supuesto, puedan ser depurados con el tiempo, y por consenso democrático, que para eso está el congreso, y los representantes políticos, y los españoles para refrendarlo.

Aun así, está fundamentada a base de evitar los errores cometidos en la historia, y garantizar los derechos fundamentales de todos los ciudadanos, fueran de la condición que fuesen. No podemos analizar ahora mismo uno por uno cada caso, ni cada reforma social a la que nos referimos, porque son muchas, demasiadas, y variopintas, y no habría papel donde plasmar cada uno

los errores cometidos desde el principio de la democracia y hasta la fecha.

Donde la mayor preocupación para algunos grupos parlamentarios, pareció

ser más relevante las diferencias sociales de los grupos marginales, que del

resto de la sociedad, que, en vez de ayudarles a integrarse en ella, a

solucionar sus problemas, ayudarles a sentirse cómodos dentro de la

sociedad, financiar ayudas siempre de integración hacia la sociedad, y no a la

inversa,   lo que han pretendido y hoy día, han conseguido, es sin duda

integrarnos a los demás en la forma de vida de estos colectivos a base de

reales decretos, amenazas, penas de cárcel, y leyes totalitarias, en defensa de

todo este tipo de grupos porqué, no decirlo de paso, marginados.

Y todavía en tiempos del último gobierno del partido popular con Mariano

Rajoy Brey al frente, parece que estos colectivos no eran excesivamente

agresivos, ni excesivamente dictatoriales, vivían acorde con el orden y la ley,

Parece que aletargados esperando el golpe de estado que estaba por llegar y que les ha otorgado una libertad que sinceramente no les corresponde.

Hoy día si no eres una persona tolerante con estas clases supremacistas, si piensas diferente a ellos, opinas distinto, te peinas de otra forma, te gustan los toros, y la caza, o simplemente miras sus estrambóticas vestimentas, con sorpresa y expectación, ya resultas ser un fascista, un machista, un clasista, un xenófobo, un agresor sexual, un depredador sexual, un depravado, y toda una interminable lista de calificativos referentes a la sexualidad masculina, y del "franquismo", que se han aprendido de memoria, de los cuales no conocen el significado de ninguno de ellos, por lo que te los dicen todos por si aciertan con alguno. Y todo ello abalado por los medios de comunicación progres dedicados en exclusiva a manipular constantemente las informaciones que le llegan al respecto. Que de paso hay que decir que también están manipulados por el totalitarismo comunista. Y cito:

2. Infiltre y después controle todos los medios de comunicación de masas ((Lenin))

Ahora los ciudadanos de a pie, los de siempre, la sociedad corriente, somos los diferentes, debemos ir con un diccionario de bolsillo para reconocer a estas especies urbanitas y poder identificarlas en cada momento, sin resultar ser agredido por nuestra ignorancia y nuestra falta de conocimientos del medio en el que nos movemos, cuando, lo que realmente te apetece, es extender el brazo, abrir la palma, y bien, hacer que despierten de su letargo y se conviertan en personas. Pobre generación desperdiciada.

Vemos como las generaciones de adolescentes de nuestras hijas, o familiares, o sobrinas, o conocidas, se están convirtiendo en una de nueva especie urbanita de esas a las que llamamos feminazis, quizás porque no sabemos que son, aparte de exhibicionistas, lascivas, heterohomosexuales, victimas militantes de las nuevas degeneraciones los partidos progres, y como, son manipuladas por grupos anarquistas, antisistema, antisociales, y demás pensamientos radicales, en contra de la sociedad y a favor del comunismo, y de los movimientos más extremistas, que se aprovechan de su debilidad emocional, para adoctrinarlas emocionalmente y convertirlas en auténticas guerrilleras, revolucionarias del sistema, utilizándolas como armas arrojadizas contra un sistema al que creen opresor, maltratador, agresor, patriarcal, dictatorial, que las ofende y reprime constantemente a base de piropos y de miradas lascivas, pero donde las cabecillas no aparecerán nunca a la luz pública, siempre en la retaguardia, escondidas de la policía, de los medios, de sus conocidos, etc. Nunca darán la cara frente a la galería. Cobardes como sus homólogos masculinos que hacen lo propio con sus soldados de la calle.

Este sector está creando una misandria, (odio al hombre), de tal calibre, que algunas mujeres necesitarán en el futuro inmediato, tratamiento psicológico para salir de este trauma que les están haciendo padecer, unos traumas que cuando quieran ser mujeres en una sociedad adulta, no sabrán adaptarse a ella, ni sabrán cómo pueden relacionarse con los demás, y ni siquiera tendrán conciencia de si al final el hombre es bueno o es malo. Serán auténticas enfermas psiquiátricas.

Estamos llegando al extremo de que la familia tradicional, como la conocemos hasta ahora está minusvalorada, y totalmente despreciada, por este sector progresista y antisocial, xenófobo, y racista, dicho sea de paso, por que defiende a cualquiera de cualquier raza o procedencia extranjera, color, etnia, desviación sexual, condición transversal, antes que a otros de su nación y sus propios compatriotas, o heterosexuales convencionales, que pretende acabar con lo que ellos llaman el heteropatriarcado machista, que no es más que una forma de revelarse contra sus propias frustraciones personales aunque ellas pobres, no lo saben. Y no lo saben porque los políticos no hacen nada por contarles la verdad, no hacen nada por ofrecerles la ayuda profesional psiquiátrica o psicológica necesaria para solucionar estas patologías, en cambio, las subvencionan, las incentivan captándolas e incorporándolas a asociaciones ilícitas, con subvenciones millonarias, para fomentar el odio a todo lo que significa la familia tradicional, Fomentando el libre aborto a las menores de 16 años sin decisión ni autorización, de los padres, se las fomenta en el odio a lo que ya vienen arrastrando de sus propios traumas, y a favor del pensamiento enfermizo de estos colectivos en contra de lo creen que va contra la corriente propia de una sociedad civilizada.

Resulta Aberrante creer, que un político pueda tener como objetivo en su programa, acabar de esta forma con lo que una nación significa, con todo lo que conlleva el principio básico de la propia naturaleza humana, de ser padres, Hombre y mujer, Padre y Madre, valiéndose para ello de la perturbada mentalidad adolescente de quinceañeras traumatizadas quizá, desgraciadamente, por la violación de algún padre, o simplemente por la falta de afecto de este, o por el trauma de la separación o divorcio traumático de los progenitores y la falta de ellos en la unidad familiar. Es increíble ver como un grupo que se hace llamar socialista, del pueblo de los trabajadores, del pueblo llano, de la gente sencilla, preocupado por las personas, de las personas, "mentira todo esto" que gran mentira, un partido político que se le llena la boca de populismo barato, de la palabra democracia, en la que ha quedado demostrado que no creen para nada, fomenta y apoya estas medidas antisociales, a cambio de un puñado de votos y a cambio de mantener el poder y el desorden constitucional que es lo verdaderamente relevante para estos pseudo políticos de medio pelo.

Por otra parte, resulta insultante ver como los partidos que se suponen conservadores, que deben defender la democracia, los derechos y deberes sobre todo los derechos fundamentales de la sociedad, funcionan como marionetas del sistema, mirando hacia donde viajan las oportunidades del poder, y por donde encontrar la brecha que les hará capaces de llegar a ese poder que tanto ansían y anhelan. Porque no se trata de otra cosa, no se trata de gobernar para mejorar, ni de otra necesidad, sino, simplemente, de pura vanidad.

Hoy que vivimos en una sociedad sobre informada, en todos los medios, tv, prensa, radio, internet, en foros, y redes sociales, donde se debe ser un poco suspicaz y leer entre líneas, para encontrar breves atisbos de realidad en las noticias que nos dan, porque dicho sea de paso, toda la información que recibimos hoy día, en cualquiera de los medios anteriormente citados, es información manipulada hacia uno u otro sentido, siempre según la tendencia de la audiencia del medio, por lo que resulta muy difícil recibir con claridad meridiana toda la información veraz si no se está fino en la materia. Es por tanto muy recomendable escuchar, ver, y leer, toda la información posible de cuantos más medios mejor, de ambos lados, para poder sacar nuestras conclusiones personales. Otra forma Sería adoctrinamiento. Que es exactamente a lo que recurren los medios con sus audiencias masa fieles, las adoctrinan en el sendero de la política que quieren que sigan.

Estos partidos políticos de la oposición, que hoy en día se suponen dos, pero que hasta hace no mucho tiempo fue uno solo, el p.p. a los cuales se les llena la boca de criticar las actitudes antidemocráticas del gobierno actual del psoe, no tienen los reaños de salir de ese modo standbay, en el que se encuentran instalados desde hace mucho tiempo, por el miedo a que su electorado no les guste el cambio de comportamiento, ni de posicionamiento político, y por ende puedan perder los votos que tanto anhelan para instalarse en el poder que necesitan y así alimentar su ego y su vanidad desmesurada.

Estos partidos que se hacen llamar conservadores, sobre todo el Partido Popular, ha perdido el norte, el sur, el este, y el oeste, es un partido que ya no tiene definición de futuro, ni proyección política, el p.p. ha dejado de ser la oposición férrea que era en sus buenos tiempos, no tiene un programa de gobierno firme con el que hacer frente y oposición, por lo que ha pasado a convertirse en un ente blandito y sin efervescencia, que espera que llegue su turno e intenta recuperar el electorado perdido y poder gobernar a sus anchas, a base de algún mitin que otro, en algunas poblaciones donde sabe que tiene el viento de cola, algo que si las predicciones no cambian, no sucederá en próximos comicios, ya que las corrientes van demostrando que la derecha española va en direcciones opuestas a las políticas desempeñadas por estos flojos descendientes de las nuevas generaciones del PP y que les falta la potencia de las viejas escuelas. O por lo menos sus intenciones.

El partido popular también se ha olvidado de todo lo que ha perdido en estos últimos años por su inacción de gobierno, no solo ellos, sino toda la sociedad, permitiendo y aceptando las reglas de juego del partido socialista y sus socios conspiradores de Podemos, y los más brillantes políticos de la izda. radical, además de los traidores del estado, los terroristas de Bildu y ETA, los separatistas catalanes de erc, y la escoria a la que se le abrió la puerta principal del salón de casa y que ninguna falta le hacía, y la verdad sea dicha de paso, les hubiera ido mejor si no se hubieran arrimado tanto a sus verdugos.

El partido popular pese a denominarse partido conservador en los años en que Mariano Rajoy Brey fue presidente del gobierno, se dedicó a hacerse amigo del enemigo, a meter en casa a su peor adversario político, al zorro en el gallinero, al que por definición se sabía, y algunos veíamos venir, que tarde o temprano, le colocaría la zancadilla para desalojarlo de la Moncloa, y no con métodos ortodoxos ni legales, como así sucedió. Pese a que la moción de censura es una herramienta contemplada en la constitución.

El partido popular después de todos los años de gobierno, con una de las más amplias mayorías absolutas de la democracia, que tuvo en sus manos la oportunidad de evitar que se produjeran estos latrocinios a la ley, a la libertad de expresión, a la intimidad de la familia, a la libre sexualidad de las personas, lejos de impedir los atroces y aberrantes espectáculos que estamos sufriendo hoy día, los apoyaron, apelando a la libertad de expresión, la libertad de género, y hoy, más que una simple libertad se ha convertido en una imposición podemita, en una Obligación por decreto ley hacia el resto de la sociedad que debe soportar la dictadura de estos colectivos y apoyado por los ayuntamientos podemitas de Madrid y Barcelona, por la mayoría absoluta de los políticos cobardes de la cámara que siguen impasibles el devenir de los golpistas más radicales que jamás se sentaron en esos sillones.

Qué necesidad tenemos de legislar en favor de tanto colectivo diferente, cuando una norma universal, por la que todos los españoles nos regimos, que es la constitución española de 1978, que es muy posible que muy pocas personas hayan leído, y conozcan, y en cuyas páginas se garantizan los derechos fundamentales de todos ciudadanos españoles, independientemente de la condición social, y citamos:

Capítulo segundo: Derechos y libertades Artículo14:

Los españoles son iguales ante la ley, sin que pueda prevalecer discriminación alguna por razón de nacimiento, raza, sexo, religión, opinión o cualquier otra condición o circunstancia personal o social.

Una vez leído este artículo, y si alguien no lo entiende puede razonarlo tranquilamente, tenemos tiempo, descubriremos que se habla de que no puede haber discriminación alguna, por razón de SEXO, o CIRCUNSTANCIA PERSONAL, (pero hombre), si hemos tenido que legislar durante años, para poder garantizar los derechos de aquellos que se sienten diferentes. Se han tenido que redactar cientos de leyes diferentes para que haya equidad entre la sociedad opresora y los sectores desfavorecidos, ¿Cómo es esto posible?, ¿dónde nos estamos equivocando?

Si ya la constitución en el arcaico año de 1978, defendía que nadie podía ser diferente a nadie por ninguna condición, incluso por su sexualidad (Hombre, mujer, Gay, Lesbiana, etc.) ¿Hay algún motivo por el cual sea necesario seguir insistiendo en legislar en favor de estos colectivos? No. El único motivo es nuevamente y como siempre el interés populista y estrictamente electoral.

A partir de aquí podemos entender que los partidos socialistas, que son los que han dedicado sus legislaturas a gastar ingentes cantidades de dinero del erario público a favorecer a estos sectores, que más que discriminados, han resultado ser sectarios, anti sistemas, anti sociales, y antinaturales, no han sido protegidos legalmente por sus supuestas diferencias, ni aun siquiera por sus debilidades físicas o psíquicas, o por su aislamiento social, sino por el puro interés político y electoral de los gobiernos de turno, un interés que se basa exclusivamente en la obtención de votos, porque para el socialismo y el populismo comunista que impera en España todos sus sacrificios se traducen en votos a su favor. Ni el más mínimo interés social por esas entidades supuestamente desfavorecidas a las que tan desinteresadamente se supone que protegen.

El interés político no puede centrarse en condicionar a la sociedad en estas divergencias, y jugar emocionalmente con sus vidas, pues resulta antisocial, anticonstitucional, y antidemocrático, y va en contra del sentido común de una sociedad moderna que quiere prosperar unida y en equidad.

Intentan convencernos de que estas leyes son las más indicadas para un futuro próspero y más equilibrado en nuestra sociedad, pero lo que no nos dicen, es que, lo único que consiguen con estas legislaciones, es únicamente el acopio de los votos de los sectores más desfavorecidos de la sociedad, a los que van dirigidas estas leyes progresistas, y de los que se aprovechan descaradamente, como los grupos de gay, lesbianas, y todo este elenco y gran variedad de homosexuales, y grupos marginales, que pretenden que toda una sociedad viva de acuerdo a su condición sexual, y no como debe o debería ser, amoldarse ellos, a las normas de la sociedad en la que viven, a la norma moral de esta, y a la ética, que es lo que tiene que hacer cualquier tipo de colectivo siendo del gremio o del sector que fuere, sexual, religioso, étnico, o lo que sea, cuando pretende obtener algún tipo de redito, máxime, cuando ese redito, se traduce en miles, sino millones de euros públicos, para sus fundaciones legalmente constituidas, con el beneplácito de los gobiernos de turno.   Y sino ¿a que viene tanta prisa por otorgar documentación a los inmigrantes ilegales antes de tres meses?.

Cuando a Roma Fueres Como Romano vivieres

¿Porque?, si desde los tiempos del imperio romano ya se hacían eco de tan sabio consejo, "Donde quiera que fueras haz lo que vieras", no son capaces de entender aquellos que van llegando a nuestra sociedad ya establecida desde hace años, que deben amoldarse a ella respetuosamente y no tratar de que esta, se amolde a sus nuevos pensamientos y necesidades, porque los de aquellos otros les parezcan antiguos y obsoletos. ¿Qué derecho tiene un recién llegado a reformar tu casa?, a ti, su propietario, su legítimo dueño, que llevas levantándola años para que cuando el nuevo forastero llegue a ella, tenga un techo, suficiente, y con todas las comodidades para poder vivir lo mejor posible, ¿no sería más inteligente que viendo que es un invitado en tu casa, se adaptase al modo de vida que se le ofrece, y así ganarse el respeto de la sociedad y ser aceptado por sus condiciones, fueran cuales fueran.??

Hemos abierto las puertas de nuestro país, a infinidad de nuevas, llamémoslas culturas, nuevos colectivos, infinidad de pueblos emigrantes de sus países de origen, unos con el objetivo de buscar un mejor futuro para sus familias, estos ya están trabajando, la gran mayoría de ellos en países europeos, como Francia, Bélgica, Alemania, incluso aquí en España hay grandes colectivos extranjeros muy trabajadores, y muy bien integrados, pero hay otra población que es la que se ha radicalizado, y nos preocupa sobremanera, que viene con el propósito de imponernos su doctrina, y a la que se le une y se le está uniendo una población de inmigrantes muy Peligrosa, vienen contagiando enfermedades, y además, robando, matando, y violando, apoderándose de las calles de nuestras ciudades, y es precisamente esta población de la que tenemos que librarnos cuanto antes, es una población que no viene a adaptarse al medio, ni mucho menos, vienen a que el medio se adapte a ellos, vienen a tomarse la justicia por su mano, a imponernos la shari'a (ley islámica) como predica el islam, y a matar a cualquier infiel que no se convierta. Son un pueblo que no tienen ni el mínimo interés por respetar las leyes y las costumbres de los países que los acogen, sino por el contrario, obligarlos a respetar sus costumbres y leyes dentro de nuestra sociedad. Estos pueblos tienen como misión la reconquista del Al-Ándalus, arrebatado por los españoles en los siglos VIII y XIX, y desde entonces reclaman algo que no les pertenece ya que lo arrebataron ellos primero a sus dueños originales a base de muerte, sangre y humillación.

Pero esto aún queda muy lejos de la comprensión de los políticos populistas que tenemos en nuestro gobierno. E incluso de los conservadores y constitucionalistas, que, o bien, no lo ven, o si lo ven, no lo quieren ver, o por otra parte les da exactamente igual. Lo que demostraría en este caso, el valor que tiene la sociedad española para estos grupos parlamentarios y para los políticos instalados en la comodidad de sus escaños.

Hoy se respira una gran crispación social en el ambiente, ante la incertidumbre de la situación que se está viviendo en las fronteras de Marruecos, con Ceuta y Melilla, nuestros agentes de la Ley, los Guardias Civiles, están siendo agredidos, por los inmigrantes que vienen perfectamente organizados, con formación militar, muchos de ellos, y que lo único que les hace falta es traer armas para matar. Esta forma de entrar en un país no se llama entrada ilegal, se conoce como asalto a mano armada, y es una invasión en toda regla, y la invasión se combate con las armas, armas que nuestros CFSE no pueden utilizar, porque están totalmente desprotegidos por el gobierno que tenemos, tanto sea del PSOE como del PP, da lo mismo, nuestras fuerzas son de pura representación.

Hemos pasado un verano de 2018 de asalto tras asalto, nuestras vallas han sido atacadas, nuestras fronteras forzadas, nuestras fuerzas agredidas, y nosotros los españoles heridos en el orgullo, viendo impávidos como los inmigrantes pasaban las fronteras con total impunidad, y el gobierno de esta nación mirando hacia otro lado, otros políticos de menor relevancia diciendo que "se le s acoge con agrado, porque son más trabajadores, y más fuertes", "esto es el colmo de la poca vergüenza", y encima, por si la humillación fuera poca, regalando coches a marruecos como gesto de buena fe, para que los policías no se peleen en las fronteras y preparar visitas de estado con reyes que ni nos van ni nos vienen.

Hoy tenemos una cifra indeterminada de inmigrantes, (MIGRANTES) que les llaman los medios de comunicación, que, por cierto, hay que explicarles, que las que migran son las aves, que van y vuelven en una migración constante.

A estos individuos, se les llama inmigrantes y emigrantes cuando salen de sus países de origen, y de sus tierras para no volver. Por lo que son inmigrantes aquí en nuestro país. Tenemos una cifra indeterminada de inmigrantes en España según el gobierno, que no sabe cuantificar, ni controlar, porque cuando los quiere contar, se le han escapado la mitad, y la otra mitad no sabe no contesta o son medio pensionista.

España necesita cuanto antes realizar un esfuerzo para deportarlos a sus países de origen con el apoyo de todas las fuerzas políticas, y en su defecto con un gobierno fuerte que no le tiemble la mano a la hora de tomar estas decisiones, y que sean sus países de origen, los que se hagan cargo de ellos, bajo la supervisión de la ONU, o del organismo internacional competente, si estos así lo quieren, para evitar la superpoblación inmigrante <u>ilegal</u>, y agresiva que sufre España, al igual que el resto de Europa, ya que este gobierno actual nos obliga a compartir nuestra Nación con estas gentes que precisamente no son, ni la más fuerte, ni la más trabajadora, ni es la más productiva, cómo vaticinaba la alcaldesa de Madrid la señora Carmena, y que por el contrario, vienen ya aleccionados por familiares y amigos, e incluso por las mafias que los ayudan a cruzar el mediterráneo, sobre cómo vivir de las ayudas sociales y subvenciones económicas de todo tipo del estado durante años, sin necesidad de contribuir ni de dar un palo al agua, ayudas y subvenciones que por cierto, salen de los esfuerzos de todos los españoles que trabajan duramente toda su vida, para sostener el precario sistema de pensiones tan deteriorado, por la falta de control, y las arcas de la SS. Que cada día están peor atendidas, y más saqueadas que nunca.

Vienen a sacarse el carnet de conducir, se compran un coche en Francia, con nuestro dinero, envían dinero al Magreb a sus familias, o a siria, o a Irak, o a su ciudad natal, para que sus familias puedan seguir viniendo, y así seguir viviendo del cuento de fantasía del buenismo en el que los han instalado los gobiernos progresistas de los siglos XX y XXI, y además como dijo "Bumedian, Presidente de Argelia en la sesión de la asamblea de las naciones unidas en 1974" (Será el vientre de nuestras mujeres el que nos dé la victoria.) También Ben Bella Revolucionario Argelino en 1966 Dijo "Conquistaremos Europa con el vientre de nuestras mujeres". No andaban desencaminados. Y esto es algo que hay que tomárselo en serio. Debemos tener en cuenta que el índice de natalidad de estos pueblos es de 4 a 1 frente a Europa, en unos 30 años la población africana será más abundante que la europea, en 60 años, Europa será musulmana.

Hoy día, gracias a la incontrolada inmigración que sufrimos, y la masificación que sufren los centros de internamiento temporales, y como no, dicho sea de paso, a la pésima gestión de los gobiernos en estas cuestiones, estamos empezando a conocer la realidad de esta población invasora, pese a que los medios de comunicación manipuladores, por su vinculación mayor o menor con el sistema de gobierno, y otros partidos totalitarios, traten de ocultar lo que se nos está instalando en nuestras calles, una población de delincuentes juveniles, muchos de ellos adolescentes, y otros ya mayores de edad, que viven como ocupas en casas abandonadas, o donde buenamente pueden, como los mendigos que son, donde la cruel realidad es que ellos no tienen la culpa, sino quienes los ha dejado entrar, y los han abandonado a su suerte. Salen por las noches a robar, a rebuscar alimentos en los contenedores de la basura, en las trastiendas de los restaurantes, y si se les tercia, como suelen ir en grupo, como los cobardes, de paso aprovechan para violar a las mujeres indefensas que puedan encontrarse por su camino, esto es lo que el progresismo podemita y el libertinaje socialista, está dejando en nuestras calles a día de hoy por mucho que periodistas socialistas quieran tapar.

Tampoco se entiende el silencio de ciertos colectivos feministas defensores de los actos vandálicos contra las mujeres, que salen a la calle en contra del machismo heterosexual machista patriarcal, y que en contra de los actos de violación a las mujeres, y en favor de los derechos de estas, vemos impávidos como estas mismas feministas, se quedan impasibles, ante el hecho de que las violaciones sean producidas a manos de salvajes delincuentes extremistas islámicos, marroquíes o de otras nacionalidades, y que no puedan ser consideradas igual que las de cualquier otro hombre europeo. Lo que deja claro que no se trata de feminismo, sino de un aberrante sexismo políticamente manipulado por políticos retorcidos. Está muy claro es que no les preocupa ni lo más mínimo.

Todavía nadie se atreve a explicar ni a hablar, del porqué de estas violaciones a mujeres occidentales por parte de musulmanes o mejor dicho de islamistas salafistas, ningún medio quiere abrir este melón, porque es un melón que trae el veneno del islam en sus entrañas, y este melón, la izquierda de España no lo quiere tocar, lo cual demuestra la cobardía con la que se actúa y la hipocresía con la que se habla, evadiendo y ocultando la realidad de lo que está sucediendo en las calles de España al igual que estamos viendo en el resto de Europa. La realidad de la actitud de estos pueblos, que son en su mayoría musulmanes, pero en justicia hay que decir que no todo el pueblo musulmán es un pueblo de delincuentes y terroristas, sino una parte radicalizada por el Estado Islámico del daesh, el isis, los talibanes, o cualquier otro grupo radical, que son los islamistas salafistas, (los salafistas son los islamistas más radicales, que viven el islam según las doctrinas más antiguas de su interpretación del Corán según el profeta Muhammad), adoctrinados en el más puro estilo del antiguo islam, donde aprenden entre otras cosas que "la mujer que no va cubierta, puede ser violada sin que Ala ponga ningún obstáculo", ya que el profeta Muhammad exigió en uno de los versículos del Corán, que "toda mujer creyente deberá ir cubierta y tapada a ojos de los extraños".

El islam tiene una visión muy retrograda de la mujer occidental, respecto de la musulmana, ¿Cómo se define una violación sexual? Según el diccionario de la Real Academia Española: "Delito que consiste en tener relaciones sexuales con una persona sin su consentimiento o con un consentimiento obtenido mediante la violencia o la amenaza". Seguramente, la mayor amenaza o desgracia para cualquier mujer en el mundo es la violación.

Todo el país "España" y parte del mundo está preocupado y ocupado comentando y manifestado sobre el caso de la "Manada". La decisión de la Audiencia Provincial de Navarra, que ha acordado castigar a los autores del llamado caso de la Manada por abuso sexual y no por violación, supone que los magistrados consideran que los hechos se produjeron sin violencia ni intimidación. Esa es, fundamentalmente, la diferencia entre los abusos y las agresiones sexuales, según el Código Penal. El hecho, en ambos delitos, es el mismo: atentar contra la libertad sexual de una persona, en este caso una mujer. Sin embargo, para las mujeres musulmanas residentes en los países "árabes- musulmanes", la violación es su mayor pesadilla y su gran amargura, toda una vida. Para una mujer musulmana violada, por uno o varios hombres, además, es un martirio, porque primero no se atreve denunciarlo, por miedo de su propia familia, que la lapiden, y si intenta denunciarlo, según la Ley islámica "Shari'a" hay que demostrarlo con pruebas contundentes o testigos directos. ¿De qué manera? Y ¿De dónde viene esta Ley islámica? Como todas las Leyes islámicas, todas se remontan a la época del Profeta del Islam, Muhammad, es decir del siglo VII. Cuenta un episodio muy conocido en la traducción musulmana o la Sunna "los dicho, hechos y actos de Muhammad" que dice "Dijo Aisha, la tercera mujer y la preferida de Muhammad: Cuando tenía quince años, mi marido Muhammad, me llevó con él a una de sus combates. En un periodo, me aparte y me escondí, para hacer mis necesidades. Cuando terminé y quise volver, no encontré a nadie, la batalla había terminado y los hombres habían vuelto a sus casas. En este estante, me di cuenta de que he perdido mi colgante. Fui al mismo sitio donde hice mis necesidades, en busca del colgante, me entró sueño y me quedé dormida en el mismo lugar. Cuando desperté, estaba sola y preocupada. Pero gracias a Allah, llegó Safuan bin Al Mu`atal, un joven seguidor de Muhammad y un soldado de Allah, me llevó con él a la ciudad. Sin embargo, cuando la gente me vio con Safuan bin Al Mu`atal, entrando en la ciudad, empezaron hacer comentarios sobre los dos acusándonos de adulterio. Llegaron estos chivatazos al oído de mi marido, el Profeta Muhammad y mi relación matrimonial se enfrió y se cambió totalmente. Un mes más tarde, Muhammad me llamó y me preguntó seriamente, por la verdad sobre mi relación con Safuan bin Al Mu`atal. Le contesté llorando: no sé qué decirte, pero soy inocente, nadie me ha visto acostándome con Safuan. Muhammad, me entendió, me creyó y salió contento. Muhammad desapareció un par de días, más tarde, volvió y llamó a todo el pueblo y dijo que Allah interviene para declarar la inocencia de Aisha, mi esposa preferida, después de largas semanas de incertidumbre, diciendo que Allah le trasmitió estas palabras en Al Corán (Sura 24:13,19-20) "¿Por qué no han presentado cuatro testigos? Como no han presentado testigos, para Allah que mienten. Quienes deseen que se extienda la torpeza entre los creyentes, tendrán un castigo doloroso en la vida de acá y en la otra. Allah sabe, mientras que vosotros no sabéis. Si no llega a ser por el favor de Allah y su Misericordia para con vosotros y porque Allah es Manso, Misericordioso".

Por lo tanto, la mujer violada requiere cuatro testigos presentes en el momento de la violación, que vieron la violación y declaran a su favor, para creerla. Por consiguiente, es casi imposible probar una violación en los territorios que siguen los dictados de la Ley Islámica Shari'a como Pakistán, Afganistán, Nigeria, Arabia Saudita...etc. Los hombres pueden cometer una violación con total impunidad: si niegan los cargos y no hay testigos, serán absueltos, porque el testimonio de la víctima es insostenible.

Peor aún, si una mujer acusa a un hombre de violación puede terminar incriminándose a sí misma. Si no se pueden encontrar los testigos masculinos requeridos, la acusación de violación de la víctima pasa a ser una admisión del adulterio. Esto explica el grave hecho de que hasta el 75% de las mujeres encarceladas en estos países, lo están por el crimen de haber sido víctimas de una violación transformada por las autoridades islámicas en cargos de fornicación, con el resultado de dictámenes de sentencias de muerte. En una sociedad tradicional musulmana, la pérdida del honor, eufemismo por la virginidad, es vista como una vergüenza o una desgracia tanto o más grave que la violación misma. En muchas ocasiones, la misma familia de la mujer o la niña violada, es la primera que busca una fórmula para tapar la "vergüenza" mediante un matrimonio entre la víctima y su verdugo, si no, acabar con la vida de la mujer o la niña violada.

Podría contar docenas de experiencias de mujeres violadas en mi país natal Irak, algunas han sido asesinadas por su propia familia y otras fueran obligadas a casarse con su violador.

Por mi experiencia, mi convivencia con el Islam, y con todo lo que está pasando de la mala decisión de los jueces en el caso de la Manada, que no la comparto, todavía sigo diciendo ¡Qué suerte tienen las mujeres occidentales de haber nacido, crecido y viviendo en una sociedad lejos del islam y las Leyes islámicas!

¡Que Dios bendiga y protege nuestra sociedad del Islam y las Leyes islámicastorcidas!

¡Que Dios bendiga y protege nuestras mujeres de las sinvergüenzas manadasvioladoras!

Amen

RaadSalamNaaman Cristiano católico caldeo de origen Mesopotámico

(Www.religionenlibertad.com/blog/64028/violacion-sexual-mujer-islam.html)

En uno de los campos de refugiados más grande del mundo, que se llama Al Zaatari, situado en el norte de Jordania cerca de la frontera con Siria, hay cada vez más abusos sexuales e intentos de violación de chicas jóvenes y niñas adolescentes.

Para sentirse más protegidas, las niñas, se cubren totalmente con un velo, dejando a la vista solamente los ojos. **Abu Jaled**, uno de los imanes del citado campo de refugiados, en un discurso dijo: "una niña se puede casar, según la religión islámica, desde que tiene su primera regla. Un hombre lo puede hacer hasta con cuatro mujeres a la vez". En estos campos de refugiados, existen casas dirigidas por mujeres especialistas (madam's) en compra venta de niñas sirias de entre 13 y 16 años. Lo primero que hacen los hombres (los golfos del golfo árabe), que normalmente tiene entre 55 y 75 años, podridos de dinero, al llegar es dirigirse a estas casas, negociando con estas mujeres especialistas para que les enseñen fotos de estas niñas sirias.

He aquí la razón, por la que estos individuos actúan de esta forma, tratan a nuestras mujeres occidentales, como prostitutas, ya que es como las ven, por el hecho de no vestir según el islam y según sus leyes y creencias, imponiendo y practicando aquello que les ha sido adoctrinado desde la cuna. Y como en este caso, y en otros muchos, irán integrando sus creencias y si no actuamos a tiempo y no paramos este movimiento pronto seremos víctimas de las más crueles atrocidades jamás vistas por la civilización moderna, crueles atrocidades que están directamente relacionadas con la Sharia, o senda del islam, que promulga hacer creyentes a todos los infieles y a eliminar a los que no quieran convertirse, pero si se arrepienten y se convierten dejadlos.

¿Todavía necesitamos algo más?

Que es lo que necesitan nuestros políticos para tomar medidas urgentes, y comenzar a poner remedio y vacunarnos contra la plaga que se nos avecina, dice el refranero popular "Cuando las barbas de tu vecino veas cortar, pon las tuyas a remojar" Europa, ya está viendo la realidad, y ha comenzado a vacunarse contra la plaga, ha comenzado a limpiar sus calles de grupos solitarios de estos inmigrantes ilegales, sin documentación, sin futuro cierto, y con el único objetivo de poner en jake las calles de sus ciudades. Los políticos españoles del bienestar social, por el contrario, hasta que no comience una batalla por el poder de las calles, y las turbas islamistas tomen las ciudades, aquí no se hará nada, hoy día, ya tenemos la sarna en nuestros centros hospitalarios, traída por estos inmigrantes, y no sabemos que más infecciones y enfermedades nos traen como presente por nuestro maravilloso gesto de acogida. Pero del que no nos libramos, es del presente más preciado para ellos,, la islamización al más puro estilo medieval. Y esto es una realidad ineludible. ¿Hasta dónde quieren los políticos españoles que lleguemos para darse cuenta de que el buenismo en el que nos tienen instalados no nos conduce a ningún sitio, y por lo contrario nos lleva de camino a un abismo desconocido del que no sabemos si podremos salir democráticamente?

LA INCOMPETENTE CLASE POLÍTICA

La clase política que hemos colocado entre todos los españoles en los ultimos años en el poder, es totalmente incapaz de legislar, ni de gobernar, más allá de lo que parece ser un grupo de colegiales discutiendo por sus calificaciones de fin de curso, con la ambición de alimentar sus pobres y mediocres egos, no ven más allá de la necesidad de ser algo o alguien relevante en la vida política de este país, no para dejar impronta de sus hazañas y mejoras, sino para alimentar su ego, y sentir el aprecio y el anhelo que tanto añoran de las masas, al precio que sea y a costa de lo que sea y lo peor de todo, a costa de quien sea.

Hemos vivido unas etapas verdaderamente vergonzosas instaladas en aquel famoso reivindicativo y tu más, que se recriminaban los políticos, en estos últimos tiempos, no tan lejanos, cuando saltaron las alarmas de las titulitis de los parlamentarios, una guerra constante entre grupos, por ver cuál era el que poseía mayores éxitos académicos y mejores cualificaciones cum laude, como si tales reconocimientos académicos fueran la panacea para la solución de los problemas de nuestra nación, cosa que a los españoles sinceramente, puede que a más de los dos tercios de la población les traiga indiferentes, frente a la realidad de sus problemas, unos económicos, otros de salud, otros familiares, etc.

Una lucha encarnizada, gastando recursos públicos, como si el tema del debate y la trascendencia de la cuestión tuviese relevancia suficiente, para solucionar alguno de los cientos de problemas que amenazan realmente a nuestra nación día a día, y siguen sin solución, porque hoy seguimos debatiendo sobre temas tan trascendentes como si la ministra de justicia dimite o no dimite por unos comentarios que hizo o dejo de hacer hace años en una conversación que ni se sabe si es verdad o mentira ni a los españoles nos importa ni nos deja de importar, ya que a los españoles lo que nos importa es que no nos suban la luz, ni el gas, ni los impuestos, que suban los salarios, un trabajo digno para todo ESPAÑOL, que nos rebajen los impuestos, y que se luche por una sociedad más digna. etc.

Empiezan los españoles a estar cansados de escuchar tantas mentiras, de ver guerras de patio de colegio, de observar cómo se dilapida el dinero público que se les paga mensualmente, y las prebendas millonarias que reciben por sus trabajos, con las cuales comerían unas cuantas familias durante todo un año, sin que en los meses que llevan gobernando se les haya visto ni el más mínimo gesto por hacer crecer la economía del país, o sofocar la pobreza de las poblaciones más desfavorecidas, o mejorar la sanidad eliminando las listas de espera, ni evitando la brutal subida de las eléctricas, ni mucho menos impidiendo que los bancos desahucien a familias sin recursos, sin evitar las subidas de las hipotecas, todo lo contrario, legislando en contra de un sistema ya establecido por el cual ahora los ciudadanos pagaran más por sus viviendas, sin evitar la caída de las bolsas y de los bancos, la marcha de empresas, lo que si hemos visto, han sido las subidas de sus sueldos, las subidas de las pensiones, para que les repercute en su futuro, y hacer pequeños gestos populistas que no son en beneficio de la población como algunos creen, sino en beneficio propio, engañando a los ciudadanos de a pie, esos que se dejan engañar por unos granos de trigo, en su propio redito. No se ha visto aun ningún gesto político de ningún grupo parlamentario, para terminar con la incansable situación catalana, imponer el orden constitucional, y devolver la cordura a las instituciones, no se les ha visto, suspendiendo El Acuerdo de Schengen para demostrar a Europa que no somos el hazmerreír del mundo y que con la justicia Española no se juega, al solicitar la extradición de nuestros presos fugados a paraísos anarquistas, no se les ve salir a las calles de los barrios desfavorecidos y marginales a preguntar, a interesarse, que hace falta, que necesitan, no se les ha visto visitar las inundaciones ni catástrofes, ni a los guardias civiles ingresados por la agresión de los invasores, no se les ve, ni se les espera, es toda una mentira, prometen oro, venden plata, y entregan humo, estos son los políticos que tenemos en España a día de hoy.

Los españoles están cansándose de ver como los gobernantes se ríen de toda la población, indultando a los delincuentes que dieron un golpe de estado alterando la paz y la concordia y la convivencia de la sociedad, y nadie hace nada. Los españoles están cansados de ver como se traspasan nuestras fronteras con violencia nunca vista, y en vez de condenarlo, se exige la retirada de las vallas y las concertinas, como nuestras FCSE son agredidos con cal viva, para cruzar la valla, y nadie llama a interesarse por el estado físico de esos agentes, que se merecen una medalla por su comportamiento. Ni se envía al ejército y las tropas a defender nuestras fronteras y esos hombres desprotegidos.

Los españoles empiezan a estar hastiados de ver como los grupos más radicales de religiones extremistas salen a las calles a robar con violencia, agrediendo a nuestros vecinos y conciudadanos, y muy cansados de ver todos los días como los medios de comunicación tapan la información de las violaciones de chicas y mujeres inocentes por el simple hecho de ser de origen islámico. Además de ver como los medios hacen campaña constante a favor de este sistema populista que no nos conduce a ninguna parte, que nos lleva a la bancarrota, porque como ya hemos dicho anteriormente a los socialistas les interesa que la población sea lo más pobre posible.

Los españoles están ya cansados, muy cansados, de ver como los grupos de extremistas más radicales, defienden antes los derechos de los inmigrantes ilegales, y los derechos de aquellos que no aportan nada a la sociedad, que los de sus propios paisanos por ser españoles.

Los españoles están cansados de ver como las calles de sus grandes ciudades y poblaciones de costas han sido invadidos por los manteros con total impunidad, vendiendo y estafando a la gente y como están protegidos por los ayuntamientos podemitas, mientras los autónomos de toda la vida se ven obligados a cerrar sus negocios, porque algún concejal extremista, radical podemita, ha decidido que el libre comercio de lo ilegal es más moderno, y representa mejor el progreso de la sociedad.

Los españoles están aburridos de mentiras, de juegos de manos, de saqueos multimillonarios a las arcas del estado, de los ayuntamientos, de las diputaciones, de la seguridad social, y en definitiva del robo abusivo de los ahorros de los fondos de todos los españoles, de los fondos reservados, de fondos públicos para la enseñanza y la formación, que han de servir para garantizar el bienestar de la sociedad del presente y del futuro. Los españoles han perdido o están perdiendo toda confianza en la clase política que conocemos, porque no hay un partido que de una forma u otra no dé un escándalo de corrupción un día sí y otro también, aunque nos muestren más a los de un lado que a los de otro, como siempre por la simpatía de colores, se están ganado la desconfianza total de sus votantes día a día, ya no solo por los escándalos, sino también porque cuando llegan situaciones de verdadera emergencia nacional como las que hemos vivido recientemente e incluso aún estamos viviendo, y de las cuales aún estamos sufriendo las resacas, y de las que aún no hemos salido, ninguno tiene la talla política y madura para tomas las decisiones que la situación ha exigido, o exige en cada ocasión, lo que de cara a la opinión internacional también es una clara muestra de debilidad política, y falta de poder.

Esta falta de poder, muestra debilidad, y muestra falta de gobernabilidad, además de generar desconfianza en los valores internacionales que buscan estados y países sólidos, donde invertir sus ahorros o donde implantar sus negocios, y viendo el panorama nacional español, optan por buscar otras alternativas que les ofrezcan mayor estabilidad y seguridad a sus caudales e inversiones.

España ya no se puede permitir más desaires, ni más humillaciones, España ha llegado al límite de todos los fracasos políticos posibles y de estos errores hay que sacar una conclusión, hay que tomar una lección positiva, y esa lección tiene que ser que los gobernantes están para servir al pueblo, y no al revés, y el gobernante que no lo entienda así, no es un gobernante digno de representar a un país como España en ningún lugar ni rincón del mundo.

Pese a todos estos problemas, y a todo lo que se está viviendo en la última época de la política de nuestra nación, parece que España empieza a respirar y a ver un ligero atisbo de cambio, un cambio que de alguna forma viene forzado por la comentada inacción de los gobiernos anteriores, y que han sido incapaces de mirar nada más que por sus propios intereses. Se comienza a ver la luz al fondo del túnel, una luz que parece que trae lo que cualquiera con sentido común y sobretodo con una gran vocación de servicio pondría a disposición de su país si verdaderamente le importase este y sus gentes. Un cambio radical, de savia nueva, nuevas estructuras y nuevas formas de hacer país, una forma diferente de gestión y de reducir el gasto, con la transparencia suficiente para dar credibilidad ante el mundo exterior y generar la confianza para que las inversiones extranjeras, e incluso las nacionales que se marcharon, regresen, las empresas quieran instalarse en nuestro país, hacer negocios desde nuestras ciudades, y nuestros pueblos, esta luz que se comienza a ver al fondo parece que habla el idioma de muchas personas de la calle, tanto de trabajadores, como estudiantes, así como de funcionarios y pensionistas, etc. Parece que España está exigiendo un cambio y ese cambio está detrás de la puerta a punto de entrar. Este cambio que trae detrás de si una bandera única que es la de salvar lo más importante en cualquier civilización, que es la unidad del estado. Y España precisamente es de esos estados que merecen salvar a toda costa.

PORQUE ES TAN IMPORTANTE LA DEFENSA DE ESPAÑA

España es una nación con siglos de historia, con tantos siglos que podemos remontarnos incluso a la prehistoria, a las cuevas de Altamira o los yacimientos de Atapuerca, por ejemplo, donde dejaron aquellos primitivos, rupestres huellas de su existencia en nuestra tierra, siglos después, pasaron por ella tártaros, Vándalos y Alanos, Suevos, visigodos, helenos, romanos, celtas e iberos, árabes , y todos ellos dejaron impronta de su cultura y tradición, y la guardamos con sigilo y esmero, e invertimos millones de euros en su protección, en los museos, para preservarla de las inclemencias del tiempo, y el pasar de los años, para que en el futuro se pueda saber que civilizaciones poblaron la península ibérica, cuáles eran sus tradiciones, y que cultura aportaron a nuestra patria.

Tenemos siglos de historia, somos una de las naciones más antiguas de la civilización, cuidadosos con ella, meticulosos y escrupulosos hasta la saciedad, protectores y guardines celosos de nuestro grandioso patrimonio, pero sin embargo, somos incapaces de conservar vestigio alguno de nuestra historia más reciente, tratando de destruirlo a toda costa, por el simple hecho de que a una parte minoritaria de la sociedad no le parezca relevante que la historia de nuestros días pueda exigir igualmente su conservación para que en el futuro las nuevas generaciones venideras, también sean conocedoras de su historia y sus orígenes, y evitar que se repitan los hechos a los que representan. Algo de vital importancia en todas las sociedades.

España es un país que se fundamenta en unos pilares bien solidos desde sus orígenes, pese a que lleve siglos intentando autodestruirse, jamás lo ha conseguido, porque es el país más fuerte del mundo. Esto los dijo "OTTO VON BISCMARCK" o, dicho de otra Forma, España debe ser el país más fuerte del mundo por que lleva siglos intentando autodestruirse y jamás lo ha conseguido. España como nación reconocida mundialmente, como uno de los países mejor valorados de todos en la Europa occidental, debería tomar en consideración estas valoraciones y no permitir que nada ni nadie ni de fuera ni mucho menos de dentro, venga a quitarnos el valor que llevamos por bandera. Y que a tantos extranjeros gusta en tantas partes diferentes del mundo.

España que ha sido una nación dueña de medio planeta, con tierras en casi todos los continentes, ha navegado por los siete mares, y ha batallado por su libertad con tropas de todas las civilizaciones conocidas, prácticamente, ¿cómo vamos a consentir que unos indocumentados quieran quitarle esa riqueza histórica? esa grandiosidad que la historia y sus gentes le brindaron, es intolerable que un pelotón de imberbes pueda acabar con semejante grandeza.

Y para ello necesitamos una gran y profunda regeneración.

España necesita una regeneración profunda en su política, y en su Parlamento, incluso en su constitución, que ya tiene unos años, los tiempos avanzan muy deprisa, y ciertas leyes pueden desfavorecer el progreso de una civilización. Necesita una regeneración en los partidos políticos, que a fecha de hoy ha degenerado en unos señores que no dedican mucho tiempo a trabajar por su nación, cobrando cantidades de dinero astronómicas, y sabiendo que el dinero que ganan lo pagamos todos los españoles, podían hacer algo más allá de lo que los medios de comunicación les puedan exigir de cara a la galería.

Vemos constantemente consternados, como todos los grupos parlamentarios dedican el tiempo a descansar en el congreso, incluso a dormir, que hemos visto a más de uno en TV, y a jugar con sus Smartphone o simplemente abandonar la sesión si el tema a tratar no es de su incumbencia o agrado.

Los españoles hemos tocado fondo, ya no podemos permitirnos más épocas de inestabilidad política y económica, porque los políticos se dedican a otras cosas, y los españoles necesitamos estabilidad. Ha llegado el momento de cambiar el sistema, de cambiar el tipo de gobierno, el tipo de persona que trabaje por España y por los Españoles, necesitamos personas de la calle, sin ambiciones personales, más allá que las de hacer por su nación aquello que sea necesario para ponerla en el lugar que se merece, personas con auténtica vocación de servicio, que sean capaces de crear una España trabajadora, productiva, fructífera, y con la capacidad de generar el trabajo suficiente para llegar a aceptar la inmigración totalmente legalizada para trabajar allí donde la mano de obra sea necesaria, siempre y cuando, las necesidades de la industria así lo requieran.

Ahora pensemos, si estamos dispuestos a seguir permitiendo estas agresiones, o por otra parte debemos poner orden y comenzar a limpiar las calles de toda esta población por civilizar, que trata de hacerse con nuestras vidas a base de imponer a golpe de Coram, a golpe de decreto ley, y a golpes, sus creencias e ideologías. ¿Seremos capaces y lo suficientemente maduros como país o nación para poner coto a lo que está empezando a considerarse una invasión de nuestro territorio en toda regla? O por el contrario seremos un pueblo débil y nos dejaremos invadir y tomar nuestras calles, plazas, pueblos y ciudades, por estas hordas invasoras que pretenden acabar con la sociedad occidental tal y como la conocemos hasta hoy.

Uno de los principios de la conservación de los pueblos, es la defensa de su patrimonio, de sus raíces, de sus valores fundamentales, la protección de sus fronteras, y de sus límites territoriales, la garantía del cumplimiento el respeto de la ley, en ello se fundamenta el éxito de un pueblo fuerte y unido, y sobre todo decidido a perdurar en el tiempo sin fisuras. No podemos, por tanto, permitirnos el lujo después de haber llegado hasta aquí, con tanto esfuerzo, y con tanto sacrificio por parte de tantas personas, y tantos antepasados, dejar el futuro de nuestra nación en manos de nuevas civilizaciones, que vienen a acabar con todo lo conseguido hasta el momento. Y en manos de políticos que no tienen interés en solucionar los problemas de la sociedad, ni de la nación, únicamente los suyos propios.

España, una de las Naciones más rica de Europa en todo lo que se pregunte, ya que, posee unos recursos naturales propios de los mayores paraísos, disponemos de agua en abundancia, de grandes dehesas, Ganaderías, tanto de vacuno, como de otras especies, árboles frutales, olivares, que nos dejan uno de los mejores aceites de oliva del mundo, huertas inmensas, amplios regadíos, y extensos secanos, montañas, ríos y valles, parques naturales con la fauna más diversa de Europa, disfrutamos de más horas de sol natural que ningún otro país de Europa, tenemos más costas que cualquiera, España posee una riqueza natural que para sí la quisieran muchos países del mundo, como seremos de ricos los españoles, que desde la comunidad europea han tenido que venir a decirnos en infinidad de ocasiones, que no produzcamos tanto de esto o aquello, por ejemplo aceitunas, o aceite, o leche, o queso, porque los demás países europeos no pueden competir con nosotros, y no alcanzan los cupos, he ahí la riqueza de nuestra Nación.

Somos una Nación con un potencial tal, que cualquier país del mundo no le importa hacer negocios con nosotros, nos compran hasta lo que no tenemos fabricado todavía, porque saben que en breve estará concluido, somos un país en el que el mundo confía, somos una nación ejemplo en el mundo de muchos avances industriales, y de grandes científicos que trabajan en el mundo entero. Porque no somos capaces de ver esto como una realidad y un potencial verdadero, y sentir nuestra nación como lo que es, y no, como un país de pandereta, donde unos quieren acabar con las tradiciones de otros y los otros con las manías de los unos. ¿Porque estamos luchando eternamente? Qué necesidad tenemos de autodestruirnos si somos una nación que unida seriamos la primera potencia económica del continente.

Qué necesidad tenemos los españoles de seguir divididos por los conflictos entre políticos, cuando los políticos son exclusivamente trabajadores designados por nosotros, los electores, para que hagan lo que nosotros les designemos, por el bien de nuestra patria y no al revés, que parece que nos están haciendo un favor, cuando aparecen en los medios de comunicación explicando que van a realizar esta o aquella reforma de ley, porque es lo mejor para nosotros, para nosotros según quien. Porque al soberano pueblo que es el dueño de la nación no le han consultado si quiere o no quiere semejante legislación.

Los españoles debemos aprender a convivir ya de una vez en armonía entre nosotros, sabiendo elegir aquello que favorezca al global de la sociedad y no por los intereses propios de unos cuantos, o por simpatía, o por colores, o por intereses partidistas, ya que ese tipo de elección ha quedado demostrado que no funciona, aunque para ello sea importante exigir una reforma profunda de la ley electoral vigente y eliminar la conocida ley D'hont que ha resultado desigualitaria, y altamente partidista.

España como nación necesita una profunda reflexión de todo lo que ha sucedido en los últimos años, desde la transición, las reformas acometidas en la sociedad, que como hemos visto algunas han quedado entre otras cosas obsoletas con el paso de los tiempos y otras en su intento de ser lo más progresistas del mundo moderno, han demostrado ser el mayor fracaso de todos los tiempos.

Llevamos décadas así, llevamos medio siglo sabiendo que la política desde el punto de vista de la población no funciona, no resulta práctica, y o bien tomamos medidas, o lo peor es que las medidas van a venir a medirnos y eso no es positivo.

¿COMO PUEDE CAMBIAR EL FUTURO DE UNA NACION?

El mayor problema que sufre España con respecto a la política, es que el socialismo perdió dos veces, una un golpe de estado frustrado, donde intento usurpar el poder, y la segunda dando un golpe que fue derrotado por el ejército, eliminando cualquier vestigio de comunismo durante casi 50 años. Y eso se ha transformado en resentimiento y casi venganza, un ansia de venganza que lleva viva ochenta años en el corazón de quienes ni vivieron aquella época ni conocieron la historia, ni tan siquiera se ha molestado en leer un solo libro que redacte desde un punto de vista neutral la verdadera realidad de lo que sucedió en aquellos durísimos años que tanto recriminan a la derecha moderna y que no han descansado porque hay quienes se alimentan de fomentar el odio y el enfrentamiento contra la derecha en España. Una forma de evitar esto, es comenzar por Derogar todas las leyes existentes de LGTB, ideología de género, ley de memoria histórica, separación entre hombres y mujeres, ley de igualdad de género, y todas las demás leyes que han hecho de este país, el país de pandereta en el que nos estamos convirtiendo, o mejor dicho que nos hemos convertido.

El hecho de que desaparezcan estas leyes, para algunos será traumático, es muy posible, pero lo más aséptico, y lo más cauterizante, para las heridas abiertas de hoy, es la derogación inmediata de todas ellas. Una vez derogadas estas leyes antisociales y totalmente antidemocráticas y anticonstitucionales, lo que se debe hacer es reformar el código civil y el código penal para regular y endurecer las penas que deban cumplir aquellos que violen cualquiera de los derechos fundamentales protegidos en la constitución en su artículo 14 del capítulo segundo. O en cualquiera de sus otros artículos y capítulos, y resultaría así de fácil, ya que la constitución no solo nos ampara ante nuestros derechos como ciudadanos, sino que nos pide que cumplamos con nuestras obligaciones en el mismo sentido. Partiendo del principio de este derecho fundamental, y de otros muy bien garantizados en el capítulo segundo, sección primera, "de los derechos fundamentales y de las libertades públicas" que garantiza la igualdad entre hombres y mujeres, y seres humanos, y razas y religiones, ante la ley, debemos preguntarnos qué falta hace que los políticos progres, (progresistas), perro flautas, desarrapados, inventen nuevas leyes que no hacen otra cosa sino enfrentar a los miembros de la sociedad unos en contra de otros, y además cometiendo el error a sabiendas con dichas legislaciones, continúan legislando para acentuar aún más el problema, sin querer dar a entender que el problema radica en la base de la propia legislación mal estructurada, y sin sentido, e incluso sabiéndolo y siendo conscientes, siguen legislando en beneficio de su redito electoral que es lo que importa.

Uno de los pilares fundamentales de la regeneración democrática y del sentido de estado en la nación española radica principalmente en la educación en los colegios, desde la infancia, es imposible, mantener un sistema de educación segregado y dividido en diecisiete diferentes autogobiernos, donde cada uno cuenta la historia como le parece, según le conviene, y según los intereses políticos que le mueven para sacar réditos económicos al estado central, y lo que es peor aún, con el beneplácito de este. Cada vez que cambia el gobierno de partido político los estudiantes también, LODE, LOGSE, LOE, LOMCE, 4 gobiernos diferentes, 4 leyes diferentes.

No se puede concebir que en los tiempos que vivimos un estudio europeo nos diga que los niños andaluces sean peores académicos que los niños de castilla, primero porque no es cierto, segundo porque lo que se interpreta de este estudio es lo que nadie quiere decir, y la verdad es que es el profesorado andaluz el que tiene un nivel por debajo de la media del de castilla, y no sabe enseñar a sus alumnos. Pero no eso no se dice, ya resulta políticamente incorrecto, es más fácil echar la culpa a los niños, que como no se pueden defender, pues ahí lo dejamos. Totalmente Intolerable. Hay que crear un sistema único y duradero en el tiempo con el consenso de todas las formas políticas, que, aunque varíe de nombre por consenso, que continúe una línea de enseñanza global para toda España, empezando por centralizar la educación en el gobierno central y no en las autonomías.

La enseñanza debe ser una única raíz dependiente del Estado con base general, con los mismos conocimientos de la historia de España, y del mundo, de sus culturas, de sus orígenes, y de sus tradiciones, una educación basada en la formación de la historia, de la cultura, del origen de las lenguas, y de las civilizaciones, y como pilares fundamentales los valores de la familia y el respeto a los mayores y a las autoridades, unas bases que formaran parte de sus vidas el día de mañana y que forjaran la personalidad de sus vidas en un futuro.

Los menores deben aprender de nuevo desde primaria, a adoptar los valores fundamentales para con la sociedad, y con ellos mismos, ya que es muy preocupante la degeneración de la sociedad que nos viene pisando los talones, Incapaces de comunicarse con los demás y entre ellos mismos como no sea por WhatsApp, pues no tienen la capacidad para defenderse en la sociedad actual, ya que no adquieren los valores necesarios para ello.

Hay que actuar y pronto, tomar medidas, para que, ya que, a estas generaciones actuales, no las vamos a poder ayudar fácilmente, y necesitan gran ayuda, también salvemos a todas las generaciones venideras y futuras con el objetivo de dejarles un proyecto de futuro capaz, de crear una sociedad de bienestar verdaderamente digna, dentro de los principios fundamentales de la familia, de la sociedad y del respeto hacia los demás, sean de la condición que sean.

FORMACION Y EDUCACION

España es un país en el que hay un impresionante número de pequeños emprendedores, aunque ellos no lo saben, España está llena de prodigios, que en cada sector destacarían por ser quienes son, uno de los problemas es que los centros de enseñanza y en sus propias familias, no saben sacar a esos alumnos ese provecho que tienen en su interior y que puede significar la diferencia en el futuro profesional de una persona con un excelente desarrollo de sus habilidades o el fracaso personal y profesional de este. Se debe fomentar la formación Profesional como desarrollo personal de los estudiantes que quieran hacer algo diferente en su vida, que no sea estudiar una carrera, porque no todos los estudiantes quieren o desean estudiar una carrera, que ni les gusta, ni les va a dar el desarrollo personal y profesional que buscan y desean.

Hay ocasiones en que encontramos jóvenes que desean una rama profesional, como por ejemplo lo que desarrolla un padre, por ejemplo: mecánica del automóvil, y desde el colegio se le comienza a hacer ver que esa rama no es un futuro para el desarrollo de una persona, y comenzamos a frustrar los deseos y las expectativas de futuro de quién quizá pueda ser un gran mecánico del automóvil, por el simple hecho de que no está bien visto socialmente, según el criterio de algunos, algún día esa persona lejos de ser un gran profesional pueda ser, alguien frustrado y sin ganas de prosperar. Lo cual no es así, porque el problema real en la sociedad actual es que vivimos inmersos en una titulitis profunda que no nos permite ver más allá del mundo que nos imaginamos, y el mundo no es blanco o negro, es de colores. Dentro del amplio espectro de los colores, hay un precioso abanico desde el blanco hasta el negro, pasando por los verdes, rojos, amarillos, azules, violetas, etc., donde poder ofrecer a nuestros hijos la posibilidad de que elijan aquello que desean hacer en su vida, sin tener que imponerle nosotros lo que deseamos por mucha frustración que sintamos al respecto.

Debemos crear una formación profesional basada en la preparación de los oficios con más horas de prácticas, tanto en centro escolar, como en centros colaboradores, lo que permite al alumno desarrollar las habilidades pertinentes a su profesión y prepararse para su salida al mercado profesional y laboral, pues son muchos los chicos que, por sus cualidades y aptitudes, una vez terminada su jornada de prácticas en los centros colaboradores, pueden pasar a formar parte de la plantilla de la empresa. Lo cual incentiva la contratación de mano de Obra Joven que es lo que las empresas en realidad necesitan para sus objetivos de Futuro.

Ya sabemos que este plan formativo existe, si, efectivamente, pero no es efectivo, los chicos que realizan estos planes formativos no dedican las horas necesarias e incluso no se les dedican las horas lectivas suficientes, ni los temarios necesarios asociados para su desarrollo, y esto es algo que sin duda también hay que mejorar. Puesto que desde las propias instituciones nunca se ha entendido a la Formación Profesional como una formación para el desarrollo personal y profesional del estudiante, sino como una salida de medio pelo, para aquellos que no tienen las capacidades de enfrentarse a una carrera profesional de mayor nivel, pero a algunos se les olvida que los títulos de FP todos son de cinco años.

Independientemente de la formación en los colegios, que como hemos indicado es la base indiscutible de una educación indispensable, sería imprescindible comenzar una concienciación de los padres, de lo importante que resulta que inculquen valores a sus hijos desde su propia familia, reeducar a las familias es imprescindible para crear una nueva sociedad de jóvenes con nuevos valores y con una nueva forma de ver la vida. Con iniciativa, con deseos de tener un futuro, y sobre todo con lo más importante, con valores sociales. Que se han perdido por el sobre proteccionismo de una sociedad a la que no se entiende.

Los Colegios y centros educativos deben tomar cartas en el asunto, así como los centros oficiales, en primer lugar, reclamar el respeto que el código penal garantiza para los docentes que les corresponde como funcionarios, y hacer respetar esta figura que se ha perdido en todos los centros educativos, devolver a las aulas las famosas tarimas no sería ninguna tontería, y volver a Don José, en vez de Joselillo, también sería bastante útil, normas estas que resultaron muy útiles en su época, y pueden volver a ser útiles ahora que la escuela es un desastre.

Los profesores y maestros de escuela tienen que retomar la autoridad que el estado les quitó formándoles en un mundo buenista irreal en el que se pensaba que no era necesario disponer de autoridad para enseñar y educar a los niños, por que como los niños son niños, pues son todos buenos, y sobre todo cuando están juntos en un aula con treinta compañeros. Los profesores en los últimos años han encarecido el mundo de la formación huyendo de los grandes grupos, porque se ven impotentes a la hora de manejarlos, está claro que donde no hay disciplina, ni orden ni concierto, ni autoridad, ni un referente, jamás puede haber control sobre ningún grupo por pequeño o grande que este sea. Por lo que en los colegios cada año se precisan más aulas, con menos alumnos, y más profesores para menos alumnos, algo inaudito hace veinte años, donde las aulas tenían un grueso de hasta cuarenta alumnos. El profesorado debe volver nuevamente a tomar las riendas de la situación, debe asentar las bases de quien es la autoridad en el aula, y quien es el que dirige la clase durante el transcurso de esta, está claro que hemos avanzado en el tiempo, que los tiempos de la palmeta ya no existen ni deben volver jamás, pero hay muchos métodos de persuasión para hacer que regrese el orden y la paz a las aulas de los colegios públicos españoles.

Algo que se está denunciando desde los centros educativos, es la excesiva involucración de los padres en la formación de sus hijos, pero no en el mejor sentido académico, ojalá, sino, en el peor de los agresivos sentidos que se puedan dar. Los padres se han transformado en jueces y verdugos en defensa constante de los derechos de los hijos, haciendo que esos hijos crezcan en un mundo irreal que más que favorecerles, va a encaminarles al peor de los fracasos en sus vidas. Por ello, sería muy interesante que en los centros sobre todo en zonas donde hay más dificultades para adaptarse a las aulas, se impartieran aulas de información y ayuda para los padres, aulas de colaboración que en algunos casos deberían ser incluso obligatorias e impartidas por profesionales de la psicoterapia, o psicopedagogía, dado que la enseñanza básica es obligatoria, es obligación del estado formar lo mejor posible, con el objetivo de enseñar a esos padres como enfocar de alguna forma la educación de sus hijos, desde un punto de vista algo más cercano, a lo que la sociedad espera de los nuevos estudiantes. Y por otro lado acercar a los padres al profesorado para eliminar esas asperezas que se han creado y que hoy hacen que sea tan difícil la comunicación padre tutor. Todos los esfuerzos que se hagan entorno a la formación, son pocos siempre y cuando no sean lo suficientemente productivos y provechosos, para el objetivo que nos proponemos, que es regenerar la savia de la civilización.

Existen otros muchos problemas alrededor de la formación y de la enseñanza y la educación, y haciendo referencia a ellas porque cada una significa algo diferente, y en cada caso debemos saber cómo actuar y como interpelar en cada ocasión para que nuestros actos tengan un efecto secundario productivo en los objetivos marcados. Debemos ponernos la meta de hacer llegar el mensaje, y evitar volver a fracasar en el intento, pues tenemos mucha experiencia, y debemos utilizarlo en nuestro propio beneficio y evitar volver a cometer los mismos errores.

En gran medida otro factor importante es la sobreinformación, hoy tenemos en medios de comunicación sobre todo en tv, los chicos preadolescentes no tienen en sus hogares un control parental de lo que ven o lo que no ven, simplemente porque hoy día quienes mandan en el hogar familiar son los adolescentes y no los padres como debería ser.

El mundo de la información en casa y el uso de las redes sociales es un mundo que el 90% de los padres ignora, ven a sus hijos con el Smartphone, el ordenador, y no se interesan por qué es lo que el menor ve o hace, con ese teléfono y en que redes puede estar metido, no sería la primera vez ni la última que un padre o una madre le ríe las gracias a su niño porque ha entrado sin querer en una web "extraña", de contenido "raro". Es por este motivo por lo que sería muy interesante crear talleres para mejorar la relación padre, madre, hijo, colegios, en el terreno de la educación en el ambiente familiar.

SOLUCIONES DE URGENCIA

Hay que aplicar un amplio paquete de medidas correctoras, para poner remedio a los problemas que se han generado hoy en la sociedad, medidas que afectan, tanto a la legislación en general, aboliendo infinidad de leyes injustas y desfavorecedoras, regulando y controlando la política autonómica hasta la total disolución de los gobiernos autonómicos, una forma sería gestionar los presupuestos desde el estado, en función de la demanda mediante justificada documentación, centralización de la sanidad de nuevo al estado, así como todas las FYCSE, que deben depender únicamente del gobierno central, la aplicación de una ley universal de enseñanza determinante en el problema de la educación de los hijos en los colegios de España para devolver las competencias de esta administración al gobierno central y no dejarla en manos de diecisiete autogobiernos que cada uno la utiliza en base a sus intereses puramente políticos, y no son ni objetivos, ni lo funcionales que debieran. Por otra parte, hay que devolver a los padres la decisión de elegir el centro y la educación de sus hijos que consideren más oportuna, por que únicamente son los padres los verdaderos responsables de la formación y la educación de estos. Por todo esto, y por España, es imprescindible que se produzca un cambio extremo en el sistema de gobierno que conocemos hasta la fecha, un cambio que suponga, no solo, un cambio en las caras de las personas que se sientan en las bancadas, que también será muy interesante, sino un cambio político total de la forma de pensar, de la forma de actuar, de la forma de hacer política. Acabar de una vez y para siempre con los populismos más extremistas que ha quedado demostrado que solo hacen daño al tejido productivo de la nación, y que también contaminan el espíritu de convivencia de la sociedad, y la paz social, terminar con los partidos separatistas, y antisociales, y con todos los sindicatos y asociaciones ilícitas, que vayan contra la sociedad, organizaciones antidemocráticas que pretenden acabar con el estado de derecho por imperativo de decretazo, imponer el respeto a las instituciones, así como a los signos, y consignas del estado, endurecer el código penal contra las injurias a la corona, y a las instituciones, al igual que a nuestras FCSE. Debemos unirnos como sociedad, en un esfuerzo simple, de colaboración entre ciudadanía para poner entre todos, ese granito de arena que hace falta para que nuestra nación sea todo lo grande que sabemos que es, y que puede llegar a ser, salir del estado de letargo en el que nos hemos instalado en los ultimos años, y comenzar a trabajar en serio por el futuro de nuestros herederos. Porque el cometido de levantar una nación no recae únicamente en el gobierno de esta, sino en el trabajo y el esfuerzo de todo el pueblo soberano, que lo es no solo para exigir, sino también para poner y aportar, pero aportar con sentido común y con el equilibrio correspondiente. Pues "Las personas que no se interesan por sus semejantes son las que tienen mayores dificultades en la vida y causan las mayores heridas en los demás. De esos individuos surgen todos los fracasos humanos" ((Carnegie))   Colaborar entre todos no es únicamente ir a votar el día de las elecciones, introducir la papeleta y decir yo ya he colaborado, y hasta dentro de cuatro años no cuentes conmigo, no, hay más, a partir de ese instante, comienza un trabajo verdaderamente importante que es empezar a diseñar el futuro que queremos dejar a nuestros herederos, sería una pena que este país dentro de 50 o 70 años se perdiera por que pudimos hacer algo y no lo hicimos. Resultaría comprensible poder pensar, dentro de 70 años a mí que más me da. Pero los que sentimos aprecio y respeto por nuestra patria, de alguna forma sentimos un apego emocional a lo que pueda pasar y al legado que podamos dejar, o no, en función de nuestras acciones. Por este motivo es importante que ahora más que nunca, que España nos está llamando a gritos, acudamos en su auxilio, que no nos quedemos mirando cómo se destruye, o mejor dicho como la destruyen unos indeseables que no sienten aprecio ni siquiera por sus propias personas.

Debemos exigir la implantación de leyes verdaderamente efectivas, y acordes, para los tiempos que corren, y consecuentes con las nuevas eras, tanto de la investigación y el desarrollo, como de las telecomunicaciones, tecnologías, así como en materia de medio ambiente si pretendemos conservar el ecosistema de la península ibérica, o por lo menos de nuestra piel de toro.

Una política efectiva en el sector de la energía que se adapte al nuevo planeta que deseamos dejar para el futuro, un futuro de tecnología y energía de verdad, limpia, ecológica, de aprovechamiento de recursos naturales sin impacto medioambiental, sin dañar la atmosfera ni los ríos ni los, que bastante han sufrido ya, favorecer y ayudar a la instalación de plantas fotovoltaicas, tanto individuales, como en huertos solares, Renovar las centrales hidroeléctricas obsoletas hoy día existentes, por recursos modernos mucho más competitivos que los instalados, para generar más energía con menos esfuerzo, y menor caudal de agua con el consiguiente ahorro. Y por supuesto mayor potencia generada, reduciendo la demanda de energía sobre los países europeos, y favoreciendo el volcado a sus redes con el consiguiente beneficio. La energía nunca puede ser un servicio de lujo, ya que la hemos convertido en un servicio de necesidad.

Favorecer la vida agraria, subvencionar el I+D+I en el campo, y no para la no producción, favoreciendo la implantación de nuevas tecnologías en el sector agrario y ayudando así a abaratar costes de producción, fomentar los mercados cooperativistas, para que el ganadero y el agricultor pueda obtener beneficios a sus mercancías de venta directa. Colaborar de primera mano con los ganaderos y agricultores, en las negociaciones de sus exportaciones al exterior, favoreciendo la introducción de nuestros productos en los mercados internacionales, buscando así nuevas vías de negocio fuera de los controles de la UE. Fomentar el I+D+I en el sector automovilístico eléctrico, con auto regeneración y auto recarga, evitando así el consumo eléctrico en puntos obligatorios y eliminando de una vez para siempre la dependencia de las energías no naturales.

Eliminar las normas toxicas, acabar con las regulaciones del suelo, ofrecer a las grandes industrias extranjeras y nacionales, suelos y recursos así como beneficios fiscales, para que se instalen en nuestro país a cambio de mano de obra eficaz y productiva, promoviendo el empleo, y la movilidad de la mano de obra.

Promover la movilidad territorial, instalando líneas ferroviarias de última generación por todo el territorio nacional, y no solo por las zonas donde los intereses demanden, priorizando las zonas más desfavorecidas por los gobiernos anteriores.

Agilizar los trámites para las instalaciones de nuevas empresas en nuestro país, reduciendo los tiempos, y los costes de documentación y construcción de sus instalaciones.

Elimina la cuota de autónomo fija que se pagará por franjas de beneficios, según el IRPF. sin un mínimo tipo, si no hay beneficios, no hay que pagar cuota. reducción fiscal a los pequeños comercios autónomos, poniendo un tope límite del salario mínimo interprofesional como tope de gasto.

Hasta aquí todo perfecto, ¿verdad?, pero, ahora como se paga todo esto, buena pregunta, en principio hay que tener en cuenta que en España se están gastando millones de euros de las arcas del estado en: asociaciones ilícitas no gubernamentales, subvenciones de sindicatos, subvenciones a partidos políticos, subvenciones a ong's, salarios millonarios a senadores, diputados, asesores, etc., se gasta un dinero que no sabemos en vehículos oficiales que no se usan, se compran aviones que no se utilizan, se pagan dietas que son innecesarias, se gasta una ingente cantidad de recurso público que serviría para mitigar grandes problemas de la sociedad actual.

De todos estos recursos bien recortados, y bien gestionados, y además perfectamente documentados, se pueden sacar partidas suficientes para todo lo que se pretenda acometer en el futuro. Incluyendo, políticas sociales verdaderamente necesarias y competitivas en los sectores de apoyo a la discapacidad, a la educación, o a aquellas materias que de verdad sean relevantes.

La parte más importante de todas es la reducción de gasto público, una reducción que consiga exactamente lo contrario del excesivo gasto que tenemos hoy día, y que no hace otra cosa que subir el déficit y encarecer el precio de los costes, y por ende los impuestos a recaudar para sufragarlos. Una drástica reducción del gasto público, conlleva un eficiente control del dinero, y además permite, bajar los impuestos, y con una fiscalidad baja en los impuestos tipos del IRPF según dos o tres tramos no más, bajada radical de los ivas de primeras necesidades, incluso eliminación de los mismos, la reducción de los impuestos de sociedades fomentando la instalación de empresas en territorio español, y subvencionando la instalación de estas en territorios nacionales menos favorecidos en comunidades autónomas menos industrializadas hasta ahora, con el objetivo de hacer crecer el desarrollo de la zona, para que les sea grato instalarse y comenzar sus negocios en nuestro país, haciendo una buena gestión de los recursos económicos del país, se puede crecer a un ritmo muy superior al que jamás se haya imaginado.

Estas medidas que parecen radicales y antisociales, son medidas que pueden comenzar a dar resultados a corto plazo, ya que las empresas comienzan a ver resultados inmediatos en sus declaraciones de impuestos, con lo que comienzan a animar el parket de las cuentas internacionales.

España es una nación de grandes recursos, una nación a la que, si no fuera por los devenires de la política demagógica que hemos sufrido, estaríamos muy bien considerada en el mundo entero y con una posición más que reconocida por los grandes de las finanzas del mundo empresarial.

Únicamente se necesita que el pueblo español recupere la confianza en su nación, en la fuerza de su gente, y en la capacidad para crecer y desarrollar cualquier proyecto que acometa, que no se deje influenciar por la opinión derrotista de quienes pretenden disolver el estado como lo conocemos, únicamente seguir adelante con el objetivo firme de levantar a España y elevarla a la posición de donde nunca debió descender. De este modo devolveremos al exterior la imagen que jamás debimos perder de la gran nación que somos. "Para que triunfe el mal, basta con que los hombres de bien no hagan nada" ((Burke)).

Cuando una nación, funciona, trabaja, y está a pleno rendimiento, esa nación es capaz de acometer los proyectos más inverosímiles que se proponga, una nación productiva, está capacitada para creer que es la mayor nación del mundo, pero si esa nación se encuentra frustrada, no habrá forma de hacerla caminar todos juntos.

España necesita ya un proyecto conjunto de nación, un proyecto que le dé la confianza necesaria para recuperar la ilusión de País que ha perdido, que ha abandonado con el paso de los años tras ver que los políticos en los que ha confiado han fallado siempre, sin duda, unos detrás de otros, y cada uno peor que el anterior, todos con el único objetivo de llenarse los bolsillos a costa de los ciudadanos y olvidarse de cuál es el auténtico valor por el que están donde están.

Todo esto en ocasiones a alguien pueda parecerle demasiado populista o extremista, pero le garantizo que son palabras sinceras salidas de lo más profundo de un sentimiento que aflora ante la vista inédita de como poco a poco se nos va desmoronando nuestra nación entre los dedos. Un día te levantas de la cama, te tomas un café, y te preguntas, ¿merece realmente la pena seguir sufriendo cuando hay 46.999.999 personas ahí fuera que les da igual tu preocupación? Y es entonces cuando decides, que lo mejor es que se lo contemos, que hagamos llegar este mensaje a todas las personas que pueda interesarle la vida futura de su nación, y tenga un atisbo de esperanza en que si colaboramos todos con un granito de arena seremos capaces de devolver a nuestra Nación la imagen y el prestigio que se le ha robado.

España es una gran nación, y merece la pena que los hombres de bien luchen por ella, y no se queden mirando como la destruyen. "Un camino de mil millas comienza con un paso" ((Franklin))

Unamos nuestras fuerzas, y devolvamos a España su grandeza.

www.ingramcontent.com/pod-product-compliance
Lightning Source LLC
Chambersburg PA
CBHW031240250726
48655CB00005B/2032